援助者必携
心理カウンセリングのための精神病理学入門

内海 健
津川律子

Ψ
金剛出版

はじめに

津川律子

時間は夢を裏切らない。

この言葉は、折りにふれて私を励ましてくれる。最初にこの言葉にふれたのは、二〇〇三（平成一五）年一一月二二日（土）に開催された日本精神衛生学会第一九回大会の特別講演でのことであった。漫画家であり、青少年のメンタルヘルスに取り組んでおられた松本零士《まつもとれいじ》先生のご講演のタイトルがこれだった。二〇年以上経った今も、断片的ながら松本先生のお話の記憶がある。たとえば、漫画家になる夢は叶えられたものの、巨大なビルのなかに数万人のスタッフがいるような大漫画会社の社長にはなれなかったことなどをユーモラスに語っておられた。お話のなかで「夢に向かって走っていれば、必ず時間は夢を裏切らない」（松本、二〇〇四）といった内容を言われたことが、インパクトをもって残っている。これまで幾度となく、この言葉の通り、実践を継続することそのものが、何より大切なことだと実感してきた。

内海健先生がたいへん博学な精神病理学者であることは周囲には自明なことと思うが、私がお話をお聴きしたいと思ったのは、たくさんの知識というよりも、心理療法（＝精神療法）や心理カウンセリングで行われていることの本質を知りたいという長年の願いに少しでも近づきたいと思ったからであった。もちろん、本来、これは臨床家として自分で取り組むことである。そうではあるが、周囲に教えを乞うことも大切ではないかと考えた。心理療法の本質を日々考えておられる先生方のなかでも、内海先生から直接、平たい言葉で教えていただきたい、それも私一人だけが得をするのではなく、多くの心理士に得をしてもらいたい、そういう思いはかなり以前からあった。ところが、ものごとには関係性やタイミングがあり、おそらく実現しないだろうと思っていた。

しかし、時間は夢を裏切らなかった。二〇二三（令和五）年七月一〇日（月）に内海先生と数人の精神科関係者でお会いする機会が突然生まれたのである。それも、何か特定の仕事の話をするのではなく、雑談ができる場と知った。人生で一度しかないチャンスが舞い降りた瞬間であった。すぐに、本書の企画を書き上げ、内海先生には一言も予告することなく、当日に臨んだ。

当日は重ねて幸運なことに、内海先生と私の二人だけになる数分間が生まれ、本書の企画をお願いした。怒られてダメという結果になったとしても、お願いしなければずっと後悔することは明白であった。ただ、内海先生がどう反応されるのかは、まったく予測がつかなかった。ところが、内海先生はその場で快諾してくださったのである。お願いする編集者は誰がいいだろうか、という話にまですぐおよび、内海先生も私も、藤井裕二氏にお願いしたいということで一致して、企画は機敏に動き出した。

お話を聴く場所は、いつも同じ飯田橋駅近くの喫茶店の個室であった。内海先生、藤井氏、私の三人で、月に一回、個室の予約時間が一回二時間、実質的には一時間半くらいの時間で収録していった。初回の収録が二〇二三年九月五日、二回目が一〇月六日、三回目が一一月七日、四回目が一二月一五日、五回目が二〇二四（令和六）年一月一二日、六回目が二月二〇日であった。一回目から五回目は、テーマを定めて臨んだ。次の通りである。共感と了解（第一回）、症状と診断（第二回）、気分障害（第三回）、統合失調症（第四回）、発達障害（ASDとADHD）（第五回）。最終回だけは、テーマを絞り込まず、基本的にフリーディスカッションであった。各回を前半と後半に分けて、全一二章の本にするというアイデアは内海先生のものである。

本の作成は、逐語をもとに藤井氏が整理したものを基本に、津川がさらに整理し、内海先生が点検して、さらに津川が直すという作業を繰り返した。二〇二四年のゴールデンウィーク明けにはすべての原稿が基本的にはできていた。それから、通し読みや構成の検討などを経て、刊行できる見込みが立った。内容に関する評価は、読者に委ねられているため、刊行に至るまでの自分の動機に関してもう数点を書き記すことで、このやや長い「はじめに」をもう少し続けたい。

精神病理学（psychopathology）という学問の定義は次のようになっている。「精神病およびその周辺を病む人たちの心性を『わかろうとする』学問の一つである。（中略）面前する生きた病者の臨床的観察と記述とに基礎をおくべきことに変わりはない」（松本、二〇一一、五九九―六〇〇頁）。ここでいう「精神病およびその周辺を病む人たち」を、精神病理学の専門家にとって失礼なことになったら申し訳ないが、もしも「メンタルヘルスを害している可能性がある人たち」に勝手に変えると次のようになる。「メンタルヘルスを害している可能性がある人たちの心性を『わかろうとする』学問の一つである。（中略）面前する生きた者の臨床的観察と記述とに基礎をおくべきことに変わりはない」。これは臨床心理学とどう違うのだろうと思う読者がいても不思議はない感じがする。学問の守備範囲が「精神病およびその周辺を病む人たち」である点と、理解することに力点がおかれていて、定義のなかに実践の視点が見当たらないこと以外には、一見すると大きな違いを見出しにくいように思う。

しかし、少なくとも日本の多くのアカデミックな心理学者にとって、精神病理学はかなり遠い存在で、臨床心理学の専門家であっても、多くは身近な感覚はもっていないのではないかと感じる。精神病理学は、難しい単語や概念が多出するといった印象があったり、思弁的というイメージがあったり、密かに批判されているのは、治療論の少なさではないかと思われる（関係者の先生方、申し訳ありません）。それは前述したように、精神病理学では理解に力点がおかれていて、実践が前景に出ていないせいなのかもしれない。しかし、臨床実践なしに理解が進むとはまったく思えない。本書はこの種の批判にストレートな答えを出しているように思う。

いずれにしても、もし精神病理学が、「異常」とされる精神現象が発生する心理的な機序（メカニズム）に関して「わかろう」とする、つまり理解しようとする学問なのであれば、臨床現場にいる心理士は、大いに学ぶことがあるのではないかと、常々思っていた。これが本書を企画した動機の背景にある。

また、「精神現象が発生する心理的な機序（メカニズム）を理解しようとすること」が精神病理学の目的のひとつであるならば、それは、私が専門にしている心理アセスメント（psychological assessment）と共通項があるのかもしれないと感じたりもする。読者の多くが心理士であることを想定してこの文章を書いているため、心理アセスメントの定義をここで論じたりはしないが、少なくともケース・フォーミュレーション（case formulation）と「心理的な機序（メカニズム）を理解しようとすること」は似た印象をもつ。ケース・フォーミュレーションは、「なぜクライエントはそれらの問題を抱えているのか、何が症状の発現を引き起こしているのか、そしてなぜ症状は消失せずに発生し続けるのか」（イールズ、二〇二一、六頁）に関する仮説を生成し、的確な心理支援を導き出すためにある。つまり、精神病理学の視点を学ぶことは、心理アセスメントやケース・フォーミュレーションに役立つ可能性が高い。

さらに、狭義の科学が正しいと認識され、統計データで示されたものが優先的に採用される一方で、唯一無二である個々の人を理解し、支援しようとする地道ないとなみや、生活そのものを大切にしようとする姿勢が軽視されかねないアカデミアにおいて、精神病理学や臨床心理学の存在意義を、できるだけ平易な言葉で伝えたいという思いもあった。日々を懸命に生きているクライエントその人に対する敬意を決して失わないように、本書は支援の対象となるかもしれない人が読んでも自己理解に役立ち、ご家族が読んでも対象となる方の理解に少しでも貢献できるよう心がけた。

ところで私は白髪が目立つ世代になった。しかし、職業人としての願いは変わらない。精緻な心理アセスメントがあり、そこからもたらされる的確な心理支援が実践されることで、生活者の安寧に資する、こういった心理臨床実践を多くの同業者や関係者たちと紡いでいきたい。松本零士先生と同じで、具体的な夢もたくさんある。時間は夢を裏切らない。その証拠のひとつが本書である。

◉文献

トレーシー・D・イールズ［津川律子・岩壁茂＝監訳］（二〇二一）『心理療法におけるケース・フォーミュレーション――的確な臨床判断に基づいた治療計画の基本ガイド』、福村出版
松本零士（二〇〇四）「時間は夢を裏切らない」、『こころの健康』、一九―一、九―二一頁
松本雅彦（二〇一一）「精神病理学」、加藤敏・神庭重信・中谷陽二・武田雅俊・鹿島晴雄・狩野力八郎・市川宏伸＝編『現代精神医学事典』、弘文堂

目次

はじめに（津川律子） 003

第一章 共感と了解1——パトスを感じ取る 017

1 共感（Einfühlung/empathy）とは何か？ 017／2 了解（Verstehen/understand）とは何か？ 020／3 了解がつまずくとき、共感が始まる 023／4 主観（Subjektivität/subjectivity）のリアリティ 028／5 身体（内臓）で聴くこと 031

第二章 共感と了解2——他者を他者として 039

1 方法としての共感 039／2 行為としての語り 043／3 了解と見立て 048／4 心を使うこと 052

第三章　**症状と診断1——「症状それ自体」は存在しない**……057
1 精神医学の基礎としての「症状」057／2 質感《クオリア》060／3「症状それ自体」は存在しない 065／4 地から図へ——生活・経過・性格・治療関係 068／5 因果の呪縛 070／6 結び目としての症状 074

第四章　**症状と診断2——DSMから質感《クオリア》へ**……081
1 診断は治療の下僕《しもべ》である 081／2 概念《コンセプト》はどのようにつくられるのか？ 085／3 DSMそれ自体が正しいわけではない 088／4 見立ての起きるとき 093

第五章　**気分障害1——地味に、手堅く**……099
1 気分障害を概観する——内因性／心因性 099／2「内因性の香り」104／3「抑うつ気分」がわかったらプロ 108／4「うつ」の認知 110／5 サイコセラピーの役割 113／6 回復と成熟——地道な大事業 117

第六章　気分障害２――ひるまず、したたかに……123
１ 回復の時間 123／２ サイコセラピーの留意点 128／３ 双極性を見分ける 132／４ 心理教育と告知 138／５ 再発予防とセルフケア 142

第七章　統合失調症１――畏怖する心をもって……147
１ common diseaseとしての統合失調症 147／２ 幻覚・妄想は中核症状ではない 149／３ 言語危機 153／４ 統合失調症近年説 158／５ トレーマと初期統合失調症 163／６ 病名変更のインパクト 166

第八章　統合失調症２――敬意と親しみ……171
１ 心的距離と対人希求 171／２ パーソナルとソーシャル 173／３ 面接の構造 176／４「ウラ」と「あせり」178／５ ＡＳＤとの鑑別 182／６ オープンダイアローグのことなど 185

第九章　発達障害１（ＡＳＤ）――理解の補助線……191
１ ＡＳＤ略史 191／２ 対人相互性と「志向性」193／３ 想像力の障害――見える

ものがすべて 199／4 コミュニケーションの障害——固有の言語系 203／5 自己への目覚め 208／6 抑うつと不安・緊張 211／7「こだわり」と強迫 214／8 気にかけてくれている他人がいること 216

第一〇章 **発達障害2（ADHD）——サバイバル** ……… 223

1 プロトタイプとしての子ども 223／2 DSMの文化結合性 228／3 ADHDの臨床像を豊かにするのは女性例である——「恥のクローゼット」 231／4 支援の実際 235／5 ASDとADHD——二つの視点 240／6 固有の時間 242

第一一章 **回復過程と治療機序** ……… 247

1 回復過程で何が起こっているのか？ 247／2 回復は副産物のように起こる 252／3 実践と理屈 256／4 認知行動療法の効用 261

第一二章 **個別例への沈潜《ちんせん》** ……… 269

1 事例とローカリティ 269／2 一般性と個別性 275／3 心理士へのメッセージ1 278／4 心理士へのメッセージ2 280／5 心理士へのメッセージ3 282

あとがき（内海健）　287
索引　巻末

援助者必携 心理カウンセリングのための精神病理学入門

第一章　共感と了解1

パトスを感じ取る

1　共感（Einfühlung/empathy）とは何か？

津川　内海先生に教えていただきたいことは本当にたくさんあるのですが、今回は「共感と了解」というテーマでお願い申し上げます。「共感」は英語ではempathyです。共感という言葉を知らない心理士や対人援助職はあまりいないと思いますが、定義はいろいろあるように思います。私が専門としている臨床心理学分野には『心理臨床大事典』という分厚い事典がありまして、そこでも「共感」が長文で解説されています[1]。

その解説の冒頭で、共感は対象者（＝クライエント）を理解するためのものといったことが書かれていて、さらに「知的な理解」と「体験的な理解」と二つに分けられていま す。このうち、後者の「体験的な理解」は「セラピストが自分の内的な体験を通して クライエントを理解すること」であると説明されています。これに関連して、おそら く臨床心理学分野で有名な概念のひとつは、カール・ロジャーズ（Carl Ransom Rogers）の 「共感的理解（empathic understanding）」だと思いますが、事典における「体験的な理解」 とロジャーズの「共感的理解」を見ても、すでに説明のなかに「理解」という言葉が 含まれていて、これはもう分かち難いものであろうというイメージがあります。

教えていただきたいのは、これからご紹介いただく「了解」という概念がここで言う「理解」と同じなのか違うのかということです。精神医学、特に精神病理学ではこの二つの概念をどう扱っているのか、「共感」や「了解」ないし「理解」がどのように臨床のなかで扱われているのか、そういった点も話題にしていただければ幸いです。

内海　よろしくお願いします。ではまず「共感」の概念史をたどってみましょう。実のところempathyという言葉は、それほど古いものではありません。一九一〇年頃にドイツ語のEinfühlung（アインフュールング）という心理学用語が英語に翻訳されてできた用語です。Einfühlungの Ein-は「中へ」という接頭辞ですが、この場合は「相手の中へ向けて」という意味になります。そしてFühlungは感情、気持ちのことです。それゆえ、語源的には「気持ちを向こうに投げ入れる」という意味になります。

このテーマでお話しする場合、精神医学ではカール・ヤスパース（Karl Theodor Jaspers）という、避けて通れない重要人物がいます。最初からちょっと面倒な話になって申し訳ないのですが、よろしいでしょうか？

津川　もちろんです！

内海　では、ヤスパースに至るまでの流れを簡単に整理しておきましょう。

ヨーロッパでは、一七〜一八世紀にガリレオ（Galileo Galilei）やニュートン（Sir Isaac Newton）が登場し、いわゆる「科学革命」が起きます。それ以後、自然科学が飛躍的に発展をとげますが、その一方で、かつて隆盛を誇った人文知が、次第に隅に追いやられていきます。そのような趨勢《すうせい》のなかで、一九世紀になると、人間の心に対しては、自然科学とは別のメソッドが必要であると主張する人たちが現れます。その一人がヴィルヘルム・ディルタイ（Wilhelm Christian Ludwig Dilthey）で、心理学でも学ばれていると思います。[2]ディルタイはこんな有名なテーゼを残しています――「われわれは自然を説明し（explain）、精神世界を了解する（understand）」。

こうした知の潮流から生まれてきた動きのひとつがエドムント・フッサール（Edmund Husserl）の「現象学」です。ヤスパースはこの現象学の方法を取り入れて――といってもごく初歩的な現象学なのですが——精神疾患の新たな探究方法として提唱しました。ヤスパースの功績をあえて言うなら、患者の内面世界を知の対象としたことでしょうか。それまでの精神医学は、患者の外的な記述がほとんどであり、彼らの実際の経験がどうなっているのかはほとんど問われませんでした。

津川　つまり、患者を行動観察のように外から見るのではなく、患者の主観や内面的な苦悩やその体験に、ヤスパースは着目したということですね。

内海　そうです。その際、ヤスパースが現象学的な方法として用いたのがEinfühlungなのです。具体的にどういうことかというと「相手の心の内をまざまざと思い浮かべる」ことだといいます。ヤスパースの「了解」には二種類あって、一つは「静的了解」、今一つは「発生的了解」です。相手の心で起こっていることをまざまざと思い描くのが「静的了解」、それに対して「発生的了解」は、ある心的現象から別の心的現象が導き出されていく関係を了解するということです。

2　了解（Verstehen/understand）とは何か？

内海　実は、ヤスパースの医歴は、五年ほどしかありません。医学部を卒業した後、ハイデルベルク大学の精神科という、当時のドイツ精神医学の総本山のようなところで、ニッスル（Franz Alexander Nissl）(3)教授に師事します。

ヤスパースは小さい頃から身体が弱く、気管支拡張症とそれによる心疾患があり、少年の頃に医学書を読んで、自分は三〇代までしか生きられないと思っていたようです。一八八三年に生まれて一九六九年に世を去りましたから、結果的には長寿でしたが、ニッスルは体の弱いヤスパースをおもんぱかって、臨床の前線ではなく、心理検査などを行う後方部隊に配置しました。その後、ニッスルの勧めで心理学科に移り、最終的には哲学者として一時代を築きました。

津川　心理検査と聞くと、私のような心理士にとって、急にヤスパースが身近に感じられます。

内海　ある意味では、当時の精神医学を批判的に眺めることのできる立場にいたので、そこに新たな視点を導入できたのかもしれません。他方で、臨床の前線で患者と対峙していないから、どこかアクリル板を隔てて患者を診ているような印象は否めません。

津川　……最前線ではなくアクリル板のこちら側にいたヤスパースが、感情を投げ入れると言いはじめたんですね。

内海　アクリル板のこちら側から向こう側にいる患者の心の中を思い描くというと、身体の弱かったヤスパースには酷かもしれませんが、彼のEinfühlungにはそんなニュアンスが感じられます。

津川　気持ちを投げ入れることが了解の方法になる……それは感情移入とほぼイコールと思ってよろしいでしょうか。

内海　気持ちがこもっていたかというと微妙だと思います。書いているものを読むかぎり、彼の了解は知的でかつ通俗的なものです。たとえば、ヤスパースが異常な心理現象のなかで了解可能なものの例として、追想錯誤（思い違い）と偽幻覚（現実ではないと当人がわかっている幻覚）をあげています。前者は自分にも起こりうることであり、後者は自分の経験に強弱をつけてみれば了解できることであるといいます。他方で、統合失調症の「させられ体験」は、さっぱりわからないことであり、了解不能とされます。

津川　精神科医が患者に会って、了解不能とされたら、その患者は了解不能のカテゴリーに仕分けされてしまうわけでしょうか。

内海　たしかに「させられ体験」は了解不能です。しかしそれは出発点にすぎません。させられ体験ほど極端なものでなくても、臨床で遭遇するクライエントの心理はそんな簡単に了解できるものではありません。そうした了解不能な経験に驚いたり戸惑ったりすることから、私たち精神科医や心理士の仕事は始まります。いわば専門家としてのかかわりが生まれる端緒なのですが、ヤスパースではそこが終着点になってしまっているのです。

津川　臨床でも学問でも驚きこそがスタートラインなのに、そこが終着点になってしまっている……

内海　そうですね。だからヤスパースの図式では、了解可能なものには共感できるけれど、了解不能なものは共感できないと言っているに等しい。これはヤスパースの了解論の限界だと思います。

3　了解がつまずくとき、共感が始まる

津川　臨床心理学だけではなく、精神医学領域でも共感と了解ないし理解はセットになっているんですね。

内海　おそらく心理士の人たちは、Einfühlung（感情移入）よりもempathy（共感）の方になじみがあるのではないでしょうか。私は、empathyはとてもよいタームだと思います。

津川　……よい、といいますと？

内海　Einfühlungの場合、ベクトルはこちらから向こうへと向いている。ところがempathyのem-は「中に」を意味する接頭辞、pathyはパトス、つまりは苦しみを意味する言葉ですから、「苦しみを感じとる」あるいは、「苦しみを共にする」というニュアンスがある。よい訳ですよね。

津川　パトス、それで内海先生は「共苦」ともおっしゃっているんですね。

内海　そうです。感情移入とは逆に、empathyの場合は、ベクトルが向こうからこちらに来る、そして感じ取る。

津川　em＝「中」だから。

内海　他者の苦しみに「開かれて在る」ということですね。たしかに「させられ体験」は、われわれも驚愕したまま、言葉を継ぐことのできない壮絶な体験です。では共感はできないのかと言われるとそんなことはない。感情移入はできないかもしれないけれど、「途轍《とてつ》もない事態に陥っている」ということは伝わってくる。empathyというのは、了解ができなくても可能です。それどころか、むしろ了解できないところからempathyが始まる。

津川　empathyは、投げ入れるのではなく、同じところに立っていて、伝わってくるというニュアンスですね。

内海　そうです。

津川　私がいつも感じている、〝そよそよそよそよ〟という、クライエントが言葉で話されているコンテンツよりも、そこにあるものが伝わってくる感じが、empathyということですね。そうすると、不思議なことに、ドイツ語を英語に訳すときに、ベクトルが逆になったということなんですね。

内海　あくまで私の解釈ですが。ベクトルがどちらを向いているかはとても重要なことだと思います（図❶）。ただ昨今の精神医学や心理学では、「共感（empathy）を大切にしましょう」などと言いながら、その舌の根も乾かぬうちに、「そんなものは主観的なものにすぎない」と貶《おとし》めるような風潮があるのではないでしょうか。

津川　そうだと思います。狭義の科学を目指そうとすると、empathyによって得られたものはしょせん主観であって、相手が発したものかどうか確かめようもない。だからそれを排除しようとする傾向は心理学にもたらし

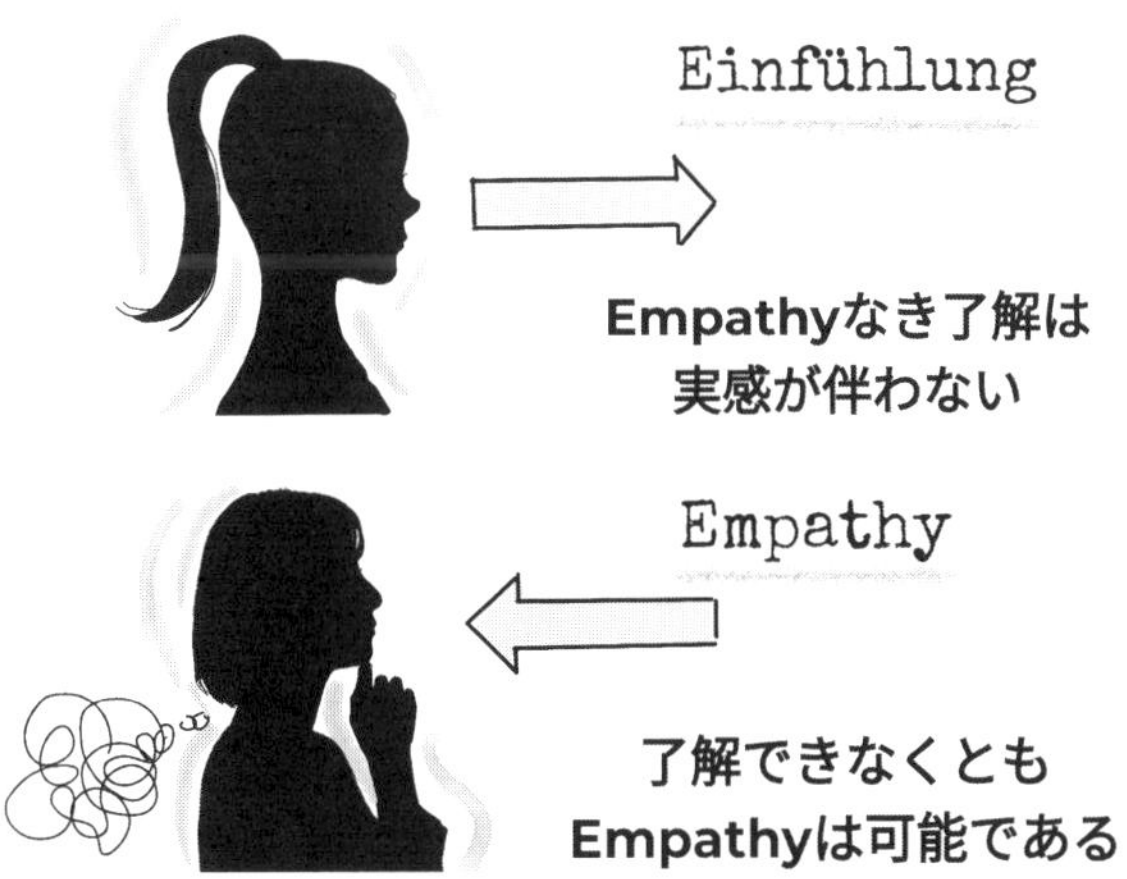
Einfühlung
Empathyなき了解は
実感が伴わない
Empathy
了解できなくとも
Empathyは可能である

図❶　了解（Einfülung）と共感（empathy）のベクトル

かにあります。

内海　「あ、何かありそうだ」「大変なことが起こっているのかもしれない」「一体、何が起こっているのだろう」と感じ取る、ここ以外に私たちの出発点はない。それを主観的なものだと貶《おとし》めるのだったら、クライエントが自分の心の内部でまさに感じているもの、つまりは苦しみを、「そんなものは主観的なものにすぎない」と切り捨てていることと同じです。

津川　誰が何と言おうと、その人の内部にあるものですからね。それが本人にとって一番つらいことだったりします。内海先生がおっしゃっているのは、自分の中に湧いたものは主観で科学的じゃないからと除外してしまったら、その人の、まさにど真ん中を否定することになるということですね。そして、私たちが心理支援というとなみを行う意味自体を否定することになる。そういうことですね。

内海　そうです。単純な例をあげると、目の前の相手が笑ったとします。「笑った」というのは、それを見た私が内的に感じることです。では客観的な記述をしてみると、どうなるでしょうか。おそらく「顔面を中心として三〇いくつもの筋肉群が収縮と弛緩を繰り返し、それが一定のパターンをなしている」ということになる。極端に言うと、これが客観的な記述ということです。さらにそれを社会的コードに当てはめると、言い換えるなら診断基準を当てはめると「笑い」になる。

津川　でも、そうは受け取らないですし、そんなふうにケースを記録したこともないです。

内海　「笑う」には、単におもしろがっていることもあれば、あざ笑っていることもある。

津川　たとえば、自嘲的に笑っているとか、そっちを記述しますよね。

内海　そういう大切なものがたくさん込められています。

津川　ケースの記録では、どういう笑い方なのかを記述することに集中します。できるだけ平易な言葉で、その人の笑いをどう記録するのか。ですので、筋肉の数や角度は念頭におかれていません。

内海　感じたことのなかにはそういう大切なものがたくさん込められているわけです。臨床家として気をつけるべき主観というのは、自分の考えをクライエントに押し付けるタイプのものです。それを除けば、自分が感じたことは大切にすべきだと思います。ヤスパースの悪口はもうおしまいにしますが、彼の了解は、あくまでこちらの陣地にいる自分から見て、相手を了解できるかできないかによって判断されます。つまりは主観の押し付けになっています。なぜそれが許されるのかというと、自分は正常であり、相手は異常（かもしれない）という構造が、彼にとって自明の前提になっているからです。

4 主観（Subjektivität/subjectivity）のリアリティ

津川　少し整理するとこうなるでしょうか——主観を否定すると相手も否定することになって、私たち心理士は一体何をしているのかわからなくなってしまう。ですので、主観的に感じること自体は大事にしなくてはならない。私は初学者に教えることもあるのですが、そこですぐに出てくる質問が「わかりました、感じることは大事にします。でも、相手から伝わってくるものと自分の感覚が混ざってしまって、これはどうしたらいいんでしょうか？」というものです。

感じたものすべてに意味がないわけではない。けれど混ざり合っている。たとえば相手が不登校の人だとして、自分にもちょっと不登校の体験があるとします。不登校という現象は同じように見えるけれど、おそらく体験したものはまったく違っている。それなのに、話を聞いているうちに、似たような時代に似たようなことを体験しているという感じがしてきて、だんだん自分の内部の感覚が混ざり合っていく……

内海　そういうふうに考える人もいるわけですか。

津川　そうですね。それから、「まったく共感できない場合はどうしたらいいんですか？」という質問もあります。たとえば、戦時中のことなどは体験的にわからない。

内海　それは、「わからなければいけない」、と思っているのでしょうね。言い換えるなら、相手と同型の体験をもたなければ共感ではないと思っている。ですが逆に、むしろわからないからこそ、そのわからなさを通して、共感の可能性が拓かれるということを胸にとどめていてほしいと思います。

あたりまえのこと、ありふれたこと、つまりすぐわかってしまうことには、われわれはそんなに共感しません。そして、そもそも他者というものは、根本的には了解不能であり、自分の中に取り込むことのできない存在です。しかし、だからこそ他者なのです。つまり、共感の手前に、相手を他者として受容するということがある。

津川　私が説明に使うことがあるのは「準拠枠」という臨床心理学の概念です。自分の準拠枠にしがみついていればいるほどクライエントのことが本当の意味でわからなくなります。〝そよそよ〟してこなくなります。ずっと力を入れて準拠枠の中にいればいるほど、わからないし、ちょっと枠の外に出ると混じっちゃうとかいうことになるのではないかという説明です。

内海　なるほど。自分の側の知が絶対的な基準になってしまっているのですね。

われわれがものごとをどのように感じるかは、人に教わって成長していくものです。たとえば、よちよち歩きの子どもがころんで家具に額をぶつけて泣き出したとしましょう。それを見た母親は、そばに駆け寄って、おでこをさすったりしながら、「痛い？」とか「痛いねー」などと語りかけるでしょう。そのとき初めて、子どもはこのにわかに起こったわけのわからぬ感覚が、「痛み」だと知るわけです。

あるいは、母親が何かの理由で機嫌が悪かったとしましょう。何となく嫌な雰囲気が子どもには伝わってきます。そしてそのなかに浸されているうちに、次第に心理的安全性が危うくなっていきます。このように、他者と自分のあいだにはチャンネルが開かれているのであり、けっしてそれぞれが閉じた個体ではありません。母親が不機嫌でも何とも感じない子どもの方が、むしろ心配ですよね。

おそらく子どもは徐々に学んで、どうもこれは「不機嫌」と言われているものらしいぞと、タグをつけることができるようになります。そうすることによって、自分が浸されていた気分が、実は相手に、つまりは母親に帰属するものであることを学びます。いったんタグが付けられるようになると、自分のせいでこうなっているのではないか、何か母親に嫌なことがあったのだろうかなどと考えることができるようになります。こうして「おかあさんが不機嫌なんだ」ということが成立します（図❷）。

ここで重要なのは順序です。まず、直に伝わってくる感覚があり、そのあとでタグを付けることを学ぶ。前者がないと、知的に理解できても、リアリティがありません。

5　身体（内臓）で聴くこと

津川　他人の「激怒」はわかりやすいけれど、「不機嫌」というものはそもそもわかりづらいのかもしれません。

内海　大切な指摘ですね。藤家寛子さんというASD当事者がそのあたりのことをわかりやすく書いています。彼女は相手が怒っていることはなんとかわかる、でも不機嫌がなかなかわからないといいます。彼女がどう対処したかというと、他人同士の語らいなどいろいろな場面を観察して、どういう現象を人は不機嫌と呼ぶのかを分析したんですね。そしてそれを「怒る」と鑑別する図式を作りました（表❶）。

津川　「顔の筋肉の動き自体は『怒る』に似かよっているけど、視

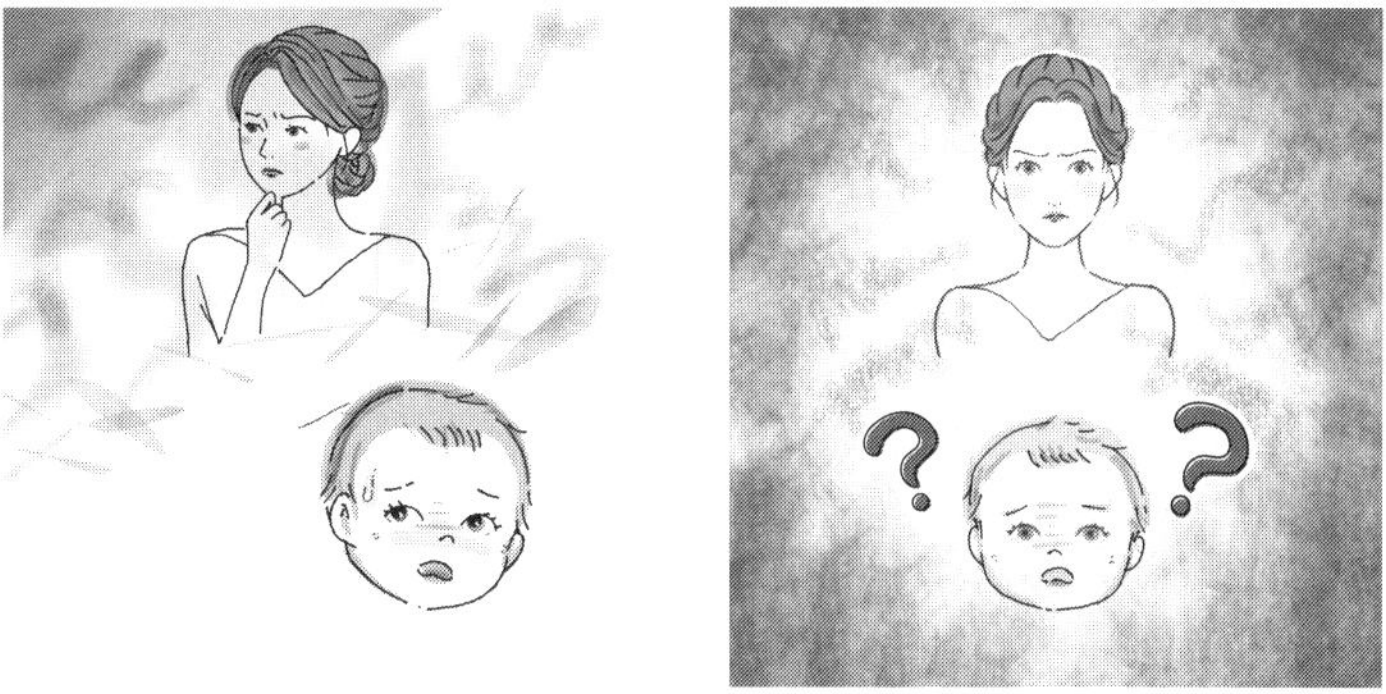

図❷　母の不機嫌

表❶ 表情の鑑別[4]

喜び・楽しい・好き	目が大きく開いて口の両端が上がる。鼻の穴が普段より広がる。歯を見せて笑う。鼻にクシャクシャの縦ジワが寄る。視線が対象物を追って動く。「喜び」に似た笑顔。
怒る・戸惑い・緊張	視線が交わらない。口角が著しく下がる。頬の筋肉が少しも動かない。これ以上ないくらい低く喋る。「声」を発しないようにもなる。眉間にシワが寄る。視線を下の方に度々向ける。瞬きが普段より多い。目だけでこっちを見る。口が少し開いている。
悲しい	顔の筋肉全体が下がり気味になる。目を閉じたままのことがある。普段よりも線の細い「声」を出す。口をすぼめている時もある。瞼が重そうに見える。
不機嫌	顔の筋肉の動き自体は「怒る」に似かよっているけど、視線は交わる、ただし度々目を逸らせ、どこを見ているのか分からない。口は固く結んでいることが多い。普段よりやや低めの「声」を発する。

線は交わる、ただし度々目を逸らせ、どこを見ているのか分からない。口は固く結んでいることが多い。普段よりやや低めの『声』を発する」[5]……これはすごい分析ですね。

内海　それでようやく藤家さんは相手が不機嫌だとわかるようになったのですが、それはある意味でタグを付けただけで、不機嫌だという実感がありません。ここが彼女の苦しみの大きな源泉になっているんです。

津川　逆に、一般に私たちはこういうことをしないですよね。ただ相手を見ると、不機嫌なんだということがわかる。

内海　自分に起きたことを主観として切り捨てるとどうなるかを藤家さんの例は示しています。ただし彼女の場合は、こうした分析をやむなくやっているのです。

津川　そうですね。理解するために必死で分析しているわけですね。

内海　人間関係のなかで生き抜くために、編み出しているわけです。ですから、われわれが分析するよりずっと緻密です。

津川　そうすると、戻って整理させていただくと、自分と他人が別個で、いわゆる自他が完全に分離していて、こっちからあっちを遠く眺めているようだと、〝そよそよ〟と伝わってこない。だから、本当の意味での境界にならない。行動観察はしていると思いますけど。

内海　そうですね。

津川　行動観察から知的な分析もできるとは思いますけども。たとえば、こちらが何らかの質問をします。「お生まれはどちらですか」と聞いて、「○○県」っていうエビデンスは取れるけれど、○○県というエビデンスの周りにある、〝そよそよ〟感っていうのは、まったく抜け落ちてしまうから、境界にならないってことですね。

内海　津川先生の〝そよそよ〟というのは素敵な言葉ですね。それで思いついたのですが、自分の内側に起こるものとして私が大切にしているのが、自分の身体感覚、特に内臓感覚です。始終モニターするのは難しいですが、胸とか腹の感覚に意識を向けるのです。こちらの胸が少しうずく感じ、隙間風が通るような感じ、あるいは胸騒ぎがする、胸苦しさ……そういった感じを大切にしています。

津川　臨床心理学では「聴く」（×訊く）を重視するのですが、それによって耳で聞こうとしてしまうあまり、知的な理解に終始しかねません。初学者に話の聴き方を伝えるとき、私は「おなか」で聴くようにアドバイスをしているんです。そうすると早分かりも防げます。耳で聞くとすぐに「あーわかった、わかった、不登校ですね」みたいなことになるけれど、「おなか」で聴こうとすると、体の感覚に目を向けるだけでなく、おなかから頭まで到達するのに少し時間もかかりますから。

内海　おそらく神経科学でも研究されているのだろうと思います。たとえばダマシオ（Antonio Damasio）のソマティック・マーカー仮説（somatic marker hypothesis）や、最近のポリヴェーガル理論[6]などとも関連するのかもしれません。

津川　あのクライエントといるとなぜか肩がピクピクする、といったことは明らかにあります。

内海　それは相手の不安や悲哀が伝わってきている徴候かもしれません。神経科学を参照するまでもなく、日常語のなかには、身体で感情を表現するものがたくさんあります。「腹が立つ」「腹に一物ある」「腹に据えかねる」……腹の系列には、どす黒い情動というものを感じますね。背中に関連する言葉には、背筋がぞくっとする、あるいは凍りつくといった、恐怖や戦慄。それは当人に起こるだけでなく、相対するものにも伝わってきます。

津川　同じ地平線上の、em-（中）の世界にいるかどうかは身体の反応でもわかるし、身体のどの部位がそれをキャッチしているかによって、その人の情緒にも近づける。初学者は特に良いカウンセラーにならなければと身体を固くしていると、話も聴けないし内容もわからなくなってしまいます。ですので、ロールプレイの前に少し身体をほぐしてもらうようにしています。内海先生がセッションで身体に集中していることと、どこか通じるものがありますね。

内海　初心者のうちは相手の話を一生懸命聞いて理解することに集中しますが、そうなると言葉を追っていくのに必死で、自分の心や身体に届けられてくる大切なものに気づきにくいものです。そのうち余裕ができたら、それらにも注意を向けてほしい。

胸、腹、背中のことを話しましたが、忘れてはならないのが顔です。なんといっても情報価が高い。コロナ下ではマスクをして心理カウンセリングをされていたと思いますが、とてもやりにくかったのではないでしょうか。精神科では、電子カルテが導入されて以降、ディスプレイしか見ないような医師もいます。「全然こっちを見てくれませんでした」と報告する患者もいました。

津川　オンラインと対面で一番違うのは、対面ではクライエントの全身が見られて全体の雰囲気がわかるけれど、オンラインではまったく違ったりしますね。

内海　いずれにしても、自分の内面に起こっていることに気づくのは、最初のうちはそんなに容易ではありません。

津川　私もそう思います。初学者が、最初は話の内容に集中する知的な理解になるのも仕方ないと思いますが、そのうちゆとりが生まれたときに、内海先生が教えてくださったことがあると知っておくとトレーニングの目標になるかもしれませんね。

内海　ちなみに、一生懸命に聞くことで、ある種の「ビギナーズラック」があります。その底意のない一生懸命さがよい影響を与えるのです。意外に思われるかもしれませんが、それを一番実感するのが、統合失調症の人たちです。残念ながらこうした「底意のない一生懸命さ」は、経験をふるにつれ磨耗《まもう》していきます。

◉注

1――角田（二〇〇四）、二一一―二一三頁
2――心理学史でディルタイは主として「了解心理学」の祖としてふれられる。
3――フランツ・ニッスルは「ニッスル染色法」（神経組織の染色に用いられる方法）の発見者。
4――藤家（二〇〇四）、八一頁
5――藤家（二〇〇四）、八一頁
6――ポリヴェーガル理論（Polyvagal Theory）は、スティーブン・ポージェス（Stephen Porges）によって提唱された自律神経機能に関する理論のこと。

◉文献

藤家寛子（二〇〇四）『他の誰かになりたかった――多重人格から目覚めた自閉の少女の手記』、花風社
角田豊（二〇〇四）「共感」、氏原寛・亀口憲治・成田善弘・東山紘久・山中康裕＝編『改訂 心理臨床大事典』、培風館

◉参考文献

内海健（二〇二一）「精神病理学の基本問題――ヤスパースの「了解」概念をめぐって」、『精神神経学雑誌』、一二三―九、五四五―五五四頁

第二章　共感と了解2
他者を他者として

1　方法としての共感

内海　共感とは、自分とは異なる主体である他者に対するいとなみです。ですからその前提として、受容があります。そのことを踏まえたうえで、ここからは共感のコツのようなものをいくつか説明しておきましょう。

はじめに、最も単純なものをあげます。それは「相手の立場になってみる」ということです。ただ、これは存外難しい。最初は「自分だったらどうなんだろう」と考えてみるのでもかまいません。それだけでもかなり見える風景が変わります。ただそれは「相手の立場になってみる」というのとはちょっとニュアンスが違う。自分の考えの押し売りにならないように気をつけなければならない。

津川　それは親から見た子どもの姿ではなく、子どもの目から見た世界を見ようとする……といったことですね。この視点を変えるということが意外にできなかったりします。

内海　二番目は「どうしてこの人は自分のところに来たのだろうか」と考えてみることです。最近は敷居が下がりましたが、精神科医のところに受診すること自体、とても大変なことです。めったなことでは行きません。そう思いながら患者を診るだけでも随分違う。受診の経緯を検討してみるだけで、しばしばおおよその見立てが付くことがあります。

津川　清水の舞台から飛び降りるような気持ちだって、今でもおっしゃる方はいますから、やはり私たちが思う以上にクライエントはそう思っているはずです。

内海　たとえば、アルバイトをしながら一人暮らしをしている女性が、カウンセリングに来られたとします。いきなり相談の内容に入る前に、その方の収入はどれくらいなのかということに関心がいかないでしょうか。仮にカウンセリングの料金が一セッション五〇〇〇円だったとします。カウンセラーにとってみれば、さほど高い料金ではないかもしれません。しかし、その人にとっては大変な支出です。そういうことをちょっと考えてみるだけでも、局面が変わると思うんですね。

津川　本当にそうですね。

内海　三番目として、見かけより相手は大変ではないか、と踏んでおくことです。つまり、自分が感じているより相手はもっと大変な状況かもしれないと思っておくといい。精神科でも心理カウンセリングでも、患者（クライエント）は自分のことをわかってもらえるだろうかと心配しながらやってこられます。多くの場合、言語化するのが難しい問題をかかえておられます。

ところが、彼らは自分が重症であると見立てられることを恐れていることが多いものです。こんなことを言ったら蔑《さげす》まれるのではないかと危惧している人もいます。ですから、最初のうちは、苦しみをストレートに表出することはあまりありません。それゆえ、ネガティヴな感情を起こさせるような人もいます。たとえばなんでカウンセリングなんかに来たのだろうとか。あるいは軽薄な印象を与える人もいるかもしれない。

ここで重要になってくるのが共感です。それは相手におもねることではありません。伝わってきたことを大切にすることです。仮に、ネガティヴな印象をもったとしても、それを押さえ込まないことです。もちろん、露骨に不愉快な顔をしたり、態度に出したりするのは、プロの所作じゃないですよね。しかし、相手を軽薄だとそこで感じていること自体はひとつの所見であって、そこからいろいろな展開可能性があります。逆に、それを抑え込んで、いい人になろうとすると、相手の病理や苦痛を素通りしてしまうことになります。

臨床心理学の世界はどうでしょうか？　世相を反映して、過剰にいい人でいなければならないとか、ネガティヴな感情をもってはいけないといった意識がありますか？

津川　特に良いカウンセラーになりたいと願っている初学者ほど、相手を軽薄だなんて思ってはいけないと思い込もうとしてしまうようです……

内海　昨今は、ひたすら善人でなければならない文化があるみたいですが、心のなかにネガティヴな感情が起こったなら、それを否認しないように注意しなければなりません。それをどう考えていくのかがプロフェッショナルというものですよね。下坂幸三先生は「悪とかかわるのが精神科医ではないのか」とよく言っておられました。

ここで「悪」というのは、社会的な悪ではなく、病理のこと、つまりは具合が悪いこと、苦しみであり、それを相手にせよということです。よく「治療同盟」などと言われますが、私はそれにはいくらか懐疑的です。良いところだけと付き合っていると、患者の具合の悪いところは置いてけぼりになってしまう。

先ほどの軽薄な印象を与えるクライエントは、もしかしたら、家庭や学校などで、まともに話を聞いてもらった経験がない人かもしれない。その人に対して、ネガティヴな感情を抑えこんで、人当たりのよい表面的な対応に終始するなら、まともに話を聞いてもらえないことを、治療の場で反復することになります。

2　行為としての語り

内海　繰り返しになりますが、了解が共感を妨げること、容易にわかったような気になることには警戒しなければなりません。それには理由があります。ひとつは、先ほども言ったように、他人というものは究極的には絶対にわからないところがあるからです。

もうひとつは、人はわかることで安心しようとしますから、日常的な常識で相手の問題を丸め込むことになるからです。こんな出来事を経験したら悲しいに違いないといったような、浅い理解の枠に相手の苦しみを押し込めてしまったりする。そうなると、容易ならざる事態が起こっていることが見逃されてしまいます。

そうならないためには、どんな姿勢が必要でしょうか。藤山直樹先生から聞いた話を引用してみます。たとえば夜、子どもが部屋に幽霊がいると言って起きてきたとしましょう。そのとき母親は「幽霊なんているわけないじゃない。早く寝なさい！」と叱りつけるかもしれません。稀には「幽霊が出たの!?」と、子どもよりパニックになる共感過剰な母親がいるかもしれません。たいていの大人は、幽霊などいないと思っています。ですから子どもは寝ぼけているのだとして片付けるでしょう。でもそのとき、「ひょっとしたら幽霊はいるのかもしれない」「大人には見えないだけなのかもしれない」と、私たちの常識を少しのあいだ、保留してみることは可能です。そして子どもと一緒に部屋を探してみることもできるでしょう。

先ほど統合失調症の「させられ体験」についてふれました（第一章参照）。これは「幽霊」よりはるかに了解不能なものです。しかし臨床家は、「もしかしたらそういう世界もあるのかもしれない」と考えてみることはできます。患者は、世の中では理解してもらうことのできないものをかかえて、われわれのところに来ているわけですから、せめて精神科医や心理士は、そういう体験が人間には起こりうるのだ、という姿勢で迎えてあげる必要があると思います。

先ほども言いましたように、初心者の場合は、話の内容をフォローすることに専念してしまいますが、少し余裕ができると、相手の話し方、声のトーン、表情などに注意を払っていくようになります。ちょっと硬い言葉になりますが、言語行為論では事実確認的発話（constative utterance）と行為遂行的発話（performative utterance）が対比されますが、後者に軸足をおいていくということです。

津川　これはしばしば初学者の注意から抜けてしまうことですね。

内海　そうですね。二種類の発話があるというより、人の話にはつねにこうした二つの側面があります。ドイツの社会学者ルーマン（Niklas Luhmann）は、その社会システム論のなかで、コミュニケーションを基本的な単位としました。そしてコミュニケーションの基本要素として「情報」「伝達」「理解」の三つをあげました。ここでは「情報」と「伝達」に注目してみます。

津川　事実確認と行為遂行と重なる部分がありそうですね。

内海　まさにそうです。「伝達」とはコミュニケーションから情報を差し引いたもの、伝えるという行為を指します。こちらから向こうへの、あるいは向こうからこちらへの働きかけのベクトルです。日常会話のなかでは、「ちょっと聞いてほしい」「教えてほしい」「おしゃべりしたい」といったこととして表現されます。

この伝達のベクトルは、向けられた相手のなかでは一種の「情報」に変わる。「この人は寂しいのだろうか」「私に接近したいようだが、何か含みがあるのか」「何か文句を言いたいのだろうか」といったメタ情報になります。臨床場面では、とても大切なものです。

さらに情報は伝達されて初めて情報になるということがあります。言い換えれば、話してみて初めてわかるということです。実際、ビジネス上の単なる情報共有や、あらかじめ用意した原稿を読み上げるようなスピーチを除けば、たいていのコミュニケーションはそうなっています。話してみて、そして相手から応答が返ってきて、そこでようやく「自分はこういうことが言いたかったのだ」とわかる。あとになってからわかる。このコミュニケーションにおける「事後性（Nachträglichkeit）」の構造を知っておくとよいと思います。

このことは、先ほどあげた、痛みが他者に教えられて初めて「痛み」だとわかる例でも示されています。あるいは「空腹」というのもそのようなものです。乳児は、生理的な飢餓状態になると、泣きはじめます。それを聞いた母親は、この子はたぶんお腹が空いたのだろうと思って、授乳する。飢餓状態が解消したところで、乳児は初めて、自分はおなかが空いていたのだと「事後的に」わかるということになります（図❶）。

ここにカウンセリングというもののもつ基本的な意味があります。クライエントは、

図❶　僕はお腹が空いていたんだ

話してみて初めて自分の気持ち、あるいは自分の言いたかったことがわかるのです。さらにそれだけには留まりません。仮にそうしたことが起これば、クライエントには「話を聞いてもらえた」「わかってもらえた」という余得が生じます。余得と言いましたが、えてしてこうしたバイプロダクト（副産物）の方が、臨床においては大切なものになります。いわゆる普通のカウンセリングであれば、これだけでも十分かもしれません。

3　了解と見立て

津川　話してみて初めて自分の気持ちや、自分の言いたかったことがわかるのですね……。

内海　ただ、実際の臨床では、それだけでは済まないケースの方が多いでしょう。その場合、相手に話してみて、自分の気持ちや考えがあらためてわかり、聞いてもらえたという実感を得るというコミュニケーションの回路が、どこでうまくいっていないかに着目すると、見立てが開けることがあります。

土居健郎先生は『方法としての面接』(1)という著作のなかで、「わかる／わからない」を軸に、面接場面における見立てを示しておられます。四つの病態に分けて、「わかってほしい」をいわゆる神経症、「わかられている」を統合失調症、「わかりっこない」をうつ病、「わかられたくない」を精神病質としています（図❷）。私がこの診断を画期的と思うのは、症状ではなく、コミュニケーションのあり方によって見立てているところです。

神経症レベルの人は、話を聞いてもらいたいと思っている。「あの先生ならわかってくれるし、わかってもらいたい」と思う。もちろん、「本当にわかってくれるだろうか」「こんなことを言ったらどう思われるだろう」「恥ずかしくて話せない」といったような思いが交錯するでしょう。

統合失調症は「わかられている」とあります。これは土居先生がちょっと奇を衒《てら》った気もしますが、たしかにそうした心性を念頭においておくことは大切です。彼らは、「ここで話すことは筒抜けに

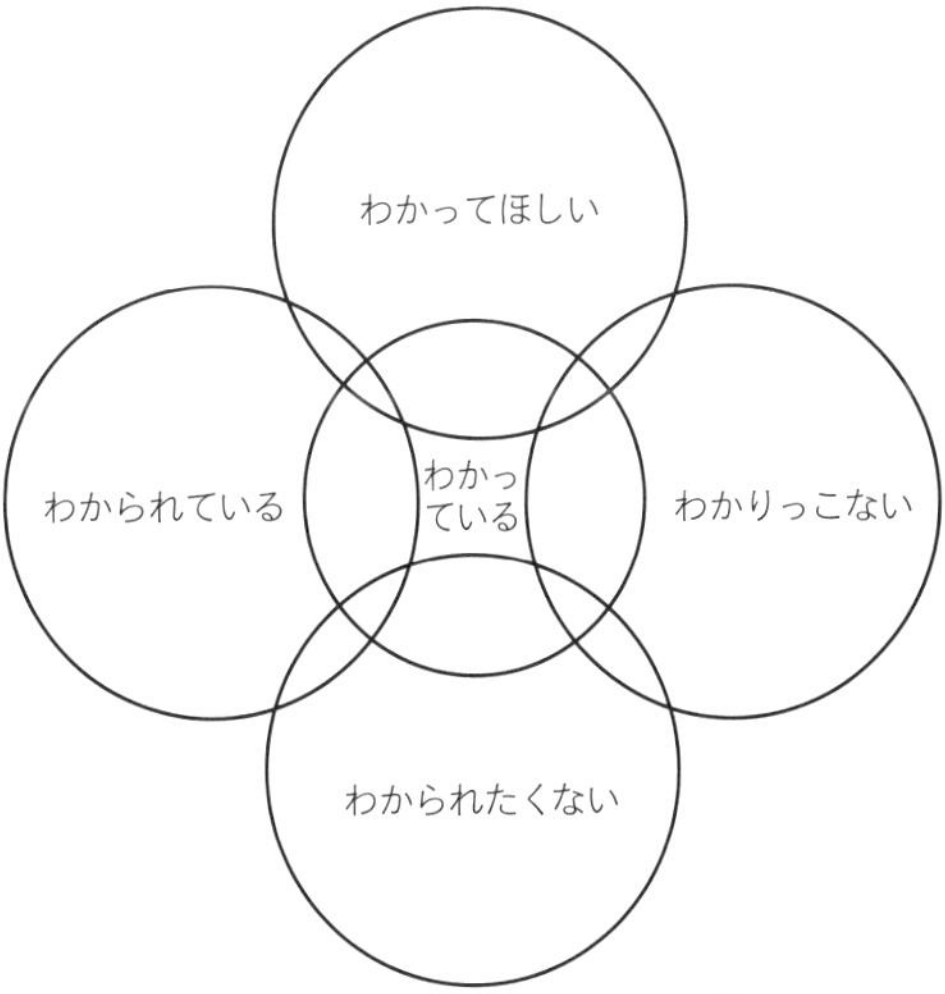

図❷ 土居健郎による分類方法[2]

なっている」「私自身も知らない私の秘密が知られている」という危惧を、潜在的には
つねに抱いています。

うつ病の人は「わかりっこない」、つまり「私のことなどどうせ人にはわかるはずない」と思っているということです。これは、一見するとわかりやすそうな軽症うつ病が多くなった現在では、しばしば忘れられがちのことです。彼らは心底では、自分の苦しみは人に話してもわかってもらえるはずがないと思い込んでいる。それはコミュニケーションの回路から滑り落ちているのです。ある意味で、うつ病特有のナルシシズム的世界を反映したものですが、そう踏んでおくと、病理を過小評価することが避けられます。

最後に「わかられたくない」は、精神病質に対応します。「精神病質」は今では使われない概念ですが、現代の診断分類ではパーソナリティ障害の一部に該当します。端的に言うと、当人も困っているかもしれないが、むしろ周りが困っている人たちです。そうした人たちは、自分のことは他者にわかられたくないと思っている。ですから、何らかの事情がないと、カウンセリングには来ないでしょう。

同じパーソナリティ障害でも、かつて境界例と呼ばれた人たちにも、特有のコミュニケーションのパターンがあります。彼女たちは、重要な他者に依存する傾向があり、

関係が深まると、かえって見捨てられる不安が強まります。そしてより相手にしがみつくことになります。精神科医も心理士も、いうなれば仕事という枠組みのなかでかかわっているのですが、彼女たちは、それでは物足りない。ドクターやカウンセラーは、面接が終わったら生身の人間に戻り、自分のことなど考えてもいない、自分は一人で取り残されてしまう……そうしてさらにしがみつくことになります。

土居先生の時代には念頭になかった自閉症スペクトラムのコミュニケーションについても付け加えておきます。この人たちは、情報以外のことは余計であり、そもそもわからないことが多い。あるいは混乱する場合もある。

津川　ここで言う「情報」はかなり狭い意味のものですね。

内海　そうです。情報以外の余計なものとは何か。われわれが面接をするとき、いきなり本題に入るのではなくて、ちょっとした雑談めいたことから始めたりしますよね。「今日は暑かったですね」といったような感じで。それがある種の患者にとっては「情報以外の余計なもの」ということになる。極端に言えば、「それがどうかしたのですか?」「何か意味あるんですか?」という感じで取り付く島がなかったり、あるいは静かに混乱していたりする。あくまで情報だけで、伝達ということはまだピンと来ていない。気遣いをされていることがわからない。

津川　なので、そのニュアンスで、あれこれ言われると、非常に困られる方がいる。

内海　そうです。だけど、彼らはコミュニケーションのなかで実感がもてないことに、潜在的には苦しんでいる可能性があります。相手の気持ちが伝わってこなかったり、相手に伝えられた気がしないといったことに、苦悩をかかえているかもしれないことには注意する必要があります。

4　心を使うこと

津川　ありがとうございます。おおよそ整理すると、情報以外のものが伝達で、何かを伝達したときに、精神科医でも心理士でも、受け取った側が何かを返して、返したことによって、「あ、ここは合ってるけど、ここはちょっと違います」とかを含めて整理されていったり、自分自身が理解されていったりする。「ここは合ってるけど、ここはちょっと違います」ってまた投げてもらって、受け取る側がそれを受け取って、「あー、こうだったんですね」とまた返すと、「それちょっと近いです。さっきより近いです」と、お互いがやりとりすることそのものがコミュニケーションですね。

内海　そうですね。われわれはどうしても、相手のなかに何か確固とした感情や考えが実体としてあって、それを記述して理解しなければならないという強迫観念にとらわれがちです。ですが実際にはそうなってはいない。やりとりのなかで生成してくるものを捉えることが大切です。土台、人間の考えや感情は、関係性のなかで生まれてくるものですから。最初から正解のようなものがあると考えない方がよい。

津川　初学者が最初の頃にロールプレイをすると、自分がキャッチしたこと自体をそのまま返すのがまず難しい。返せない、でも返さないでいると、やりとりが行われない。

内海　「へー」っと自分の心が動いても、そのことを返してはいけないと思っているのでしょうか？

津川　いや、本当にそうなんです。同じうなずきに見えても、「うん、うん」か、「あ、うーん……」か、「うん？」か、全然違うわけですし、演技しているのではなく、自然に生じてくるそれらが大切だと思うのですが、きちんとしよう、ちゃんとしようと思うとそれらが消えてしまって何も返せなくなる初学者もいます。コミュニケーションの基本はキャッチボール（応答関係）を繰り返していくことで、その質によってアセスメントにもつながっていく。心理士の立場からすると、心理アセスメントや病態水準の観点につながっていく。大枠の病態水準や心理アセスメントがあることによって、もっと精緻なアセスメントが進むまでに、対応の選択が難しいクライエントともやっていける、そういうことに役立つんですよね。最初から全てアセスメントで精緻に解明するなんてありえないですし、そもそも出会う前から事は起こっているわけですから。

内海　考えてみたら心理士の方が、それこそ自分の心と身体を使わないと仕事にならないですよね。精神科医には医療という体系があって、そのシステムに守られて実務が進むこともあるわけで……

津川　おっしゃる通りだと思います。日本では薬物療法の権限も入院の権限も心理士にはないし、精神医学的診断基準を知っていたとしても、診断をしてはいけない以上、自分の全身でもって仕事をするしかありません。

内海　だから私たち精神科医はむしろそこから学ばないといけないと思っています。私が研修医の頃、土居先生のゼミに出席していたとき、ある臨床心理士の発表に圧倒されたことがあります。この先生が薬物療法もした方がいいのではないか、とさえ思いました。

津川　臨床心理学では、学派ごとの理論はあるけれど、よかれあしかれ操作的診断基準のような全体を貫くものがなくて、心理士にはどこか自信がない人も多いと思います。エビデンスという言葉も、心理学では数値で立証されたものという意味に限定して使われることが多くて、そうなると「共感＝五ポイント」みたいに数値化できにくいことの影響も大きくなります。

内海　いや、そこなんですよね……物理・化学的なものを数値化するのはまったく抵抗がないのですが、たとえば気分とか不安を、一から五までのレベルで切り分けられるはずがない。もちろん多数の事例を集めると所見が生まれることは理解できますが……

津川　数値的なエビデンスは無視できないけれど、万能ではないということですよね。自分の力で回復したと思ってもらえるような心理カウンセリングが一番の理想ではないかと私は思っているんです。カウンセラーの素晴らしい一言で治ったみたいなのではなくて、本人に自力があったし、家族や友人が頑張ってくれたからここまで来られたといったような……

内海　話を聞いてもらえただけでよくなるのが、心理カウンセリングの理想ではないでしょうか。

津川　技法の差はもちろんありますがそれは一部で、ベースは、共感に始まり、コミュニケーションがあるということですね。公認心理師時代になって、もともとは心理士でなかった関係職種の方々も、自分の仕事における心理面の大切さをよく理解されて、業務の質を高めようとしてくださっています。広く対人支援職に就いている方にも通じる基本的なことを、今回はおうかがいすることができたと思います。ありがとうございました。

◉注

1——土居（一九七七）

2——土居（一九七七）、一二三頁

◉文献

土居健郎（一九七七）『方法としての面接——臨床家のために』、医学書院（新訂版＝一九九二）

第三章　症状と診断1
「症状それ自体」は存在しない

1　精神医学の基礎としての「症状」

内海　今回は「症状と診断」というテーマを取り上げることにしましょう。津川先生と私、心理士と精神科医のあいだで、臨床におけるスタンスの違いが一番強く出るジャンルかもしれません。

さて、「症状」というと、われわれ精神科医にとってありふれたものですが、臨床心理学ではどのように扱われているのでしょうか。

津川　たとえば、私のいる大学附属の心理臨床センターであれば、何らかの症状を抱えて診断を受けた方が、初診日・診断名・主症状・処方内容などが書かれた紹介状を持って来談され、紹介状には「抑うつで困っていて、薬物療法を行っているけれど、心理カウンセリングも希望している」といったことが書かれている……それが一般的な症状との最初の出会いです。

内海　精神科医からの紹介ではなく、ただカウンセリングを受けたいと希望して来談された場合には？

津川　まず、医療に回すべき人なのかそうではないのかを見立てなければならないので、最初に必ず睡眠や食欲など体調のことを聞いておきます。

内海　体調の確認は、必ずされているのですね。

津川　基本的には、医療の力が必要かどうかを含めて的確に見立てることが私たちの責務のひとつですから。その後、医療に託したとしても、薬物療法が開始されたので心理支援は終わり、ではなくて、私たちにできることがあれば協働していきます。

内海　それは心強いですね。精神科医も、身体疾患の有無や、睡眠や食欲をはじめとする身体のコンディションをまずは確認します。ただ、存外忘れられがちかもしれません。

津川　それはちょっと意外です。私の臨床現場のベースが医療であったということもあって、たとえ軽度であっても器質性障害や意識障害を見抜くことが非常に大事だと、二〇代の頃から精神科医から習ってきましたから。

内海　このあたりの診断に関する話題は後半に取っておくとして、まず症状から始めましょう。ほとんどの精神科の疾患にはバイオマーカー（biomarker）がありません。マーカーとは、糖尿病における血糖値のように、病気のあるなしを判定する生物学的所見です。最も強力なものとされるのは、病理組織診＝生検（biopsy）です。それによって最終的な診断が下されるもので、ゴールド・スタンダードとも言われます。もし精神疾患にバイオマーカーが見つかったら、その病は精神科領域から神経内科や脳外科といった身体科に移っていくことになるでしょう。

歴史上、マーカーが見つかったメジャーな精神科疾患が二つあります。ひとつは進行麻痺、梅毒スピロヘータの神経系への感染によるものです。もうひとつは「てんかん」です。神経細胞群の突発的な異常放電によるもので、脳波異常が検出されます。これらの発見はもう一〇〇年近く前のことですが、それ以降、マーカーの見つかったメジャーな疾患はありません。統合失調症にも双極性障害にもマーカーはありません。ではは何を根拠に見立てるのかというと、「症状」ということになります。その意味で症状学は精神医学にとってひとつの生命線なのです。ところが昨今、この症状の捉え方が、随分雑になっているのではないかと懸念しています。特に操作的診断基準が使われるようになってから、その傾向は顕著です。

個人的な話で恐縮ですが、私は症状学があまり好きではありません。学生時代に受けた講義は無味乾燥なものでした。医師になってからも勉強はしてきたのですが、何と言えばいいのか、標本やカタログを見ている気持ちになるのです。あるいは冷めた料理を食べさせられているというか……臨床場面で現れる症状は、もっと生き生きしたもののはずです。

津川　今の先生のお話ですと、バイオマーカーがないので、症状というもの、本来の生き生きした症状というものが、精神医学では非常に大切なんですね。

内海　その通りです。

2　質感《クオリア》

内海　では、症状はどういう現れ方をするのか。それはまず異質な（strange）ものです。

津川　それは体験として違和感が伝わってくるということでしょうか。

内海　そうです。まずはそのように症状を捉えることが大切です。症状は、医師にとっても患者にとってもstrangeなものです。

ちなみに、症状に該当する用語としては、sign（徴候）とsymptom（症候）という二種類のものがあります。signは医師が観察して把握されるもの、symptomは患者の自覚症状のことをいいます。ただ、最近ではあまり厳密に区別して使われません。

いずれにしても、患者自身のなかに普段にはないstrangeな事態が起こっている、ということです。そうしたものを抱えて、彼らはわれわれのところにやってきます。同時に、医師にとっても、症状はstrangeなもの、日常的文脈では簡単には了解できないものとして把握されます。その際、心がけておきたいのは、strangeイコール「異常」とするのではなく、できるだけそれを背後にある「苦痛」に置き換えるようにするということです。

津川　strangeだから異常というレッテルを貼って終わりにするのではなく、治療的な文脈に乗せて、それを「苦痛」だと変換して理解していくということですね。

内海　そういうことです。異質なもの、すなわち症状の背後には、苦痛があるはずだと見当をつけておくことが大切です。「うつ」や「不安」などとレッテルを貼って安心していると、それでおしまいになってしまいます。

症状を聴く際に大切にしたいのは、その質感、いわゆる「クオリア」です。第一章の「共感」の話でも話題になったように、クオリアなど主観にすぎないのではないかと思う人もいるでしょう。

質感が自分の一方的な主観や独善に陥らないためには、いくつか臨床上の工夫があります。ひとつは率直であること、言い換えるなら、向こうからこちらにやってくるものに対して自分を開いておくということです。もうひとつは、適切な、できれば洗練された言葉で表現することです。そのためには、普段から言葉の感覚《センス》を磨いておくことです。

津川　前回、話し合ったように、共感して、開かれてきたものを受け取って、体験して終わりではなくて、それを伝えられるように言葉を洗練させていくということでしょうか。

内海　そうですね。患者にとって症状とは、自分の中にありながら、人に伝えるのが難しい、わだかまったものです。それを臨床家が適切な言葉に変換する。われわれが独善に陥らぬために大切なことは、対話に開かれてあるということです。ひとつは、「こういうことではないのか」「こういうことで困っているのではないのか」などと、患者とのあいだでやりとりをする。もうひとつは、折にふれて、同僚とのあいだでディスカッションする。こうした工夫をしておけば、独善に陥ることなく、質感を把握できると思います。

津川　開かれて、伝わってきたものを言葉にして、それを巡ってクライエントとのコミュニケーションを進める……ただ、言葉にするといっても、単に不安やうつという言葉に変換するわけではない。

内海　つい、そうなりがちですね。「不安」や「うつ」という言葉は、求心力が強い。そうすると、そこで話が終わってしまうことになりがちです。

津川　「不安ですか？」と聞かれたら、たいがいの人は不安がないわけじゃないから「はい」と答えるし、「少し憂うつですか？」と聞かれても同じことで、それ以上のやりとりに発展しにくい。

内海　たとえば「不安」が確認されたら、「もうちょっと説明してくれますか？」「どういうふうに不安ですか？」などと聞いてクラリファイ（明確化）してもらいます。そして生活のなかでどのように現れているのかを聞いていきます。

津川　「ちょっと落ち着かないっていう感じで合っていますか？」といったふうに、言葉にして確認していくわけですね。

内海　はい。質感に関しては、もうほとんど死語になっていますが、ドイツ語でBefindlichkeit、日本語で「情態性」と訳される言葉があります。哲学から精神医学に入ってきた言葉で、端的に言うと「感覚器官を介さずに直接感じとられるもの」、言い換えるなら、見えたり聞こえたりするものではないけれど、伝わってくるものです。それは決して怪しいものではありません。たとえば、目の前の人の切迫した感じ、不安そうで落ち着かない感じ、困惑している感じ、あるいは重苦しさを抱えた感じなどです。臨床家がそうしたことを感じられないのでは困りますよね。

たとえば、統合失調症らしい質感を表す「プレコックス感（Praecox-Gefühl）」という言葉があります。これもBefindlichkeitのひとつです。オランダの精神科医リュムケ（Henricus Cornelius Rümke）によって提唱された言葉で、精神医学では広く周知されてきたものです。

津川　最近は一部の精神科医しか使わなくなった言葉かもしれませんね……

内海　今はアカデミックな場で使うと退場させられるかもしれませんが（笑）、臨床家が一度習得すれば間違いようのない質感です。津川先生は医療現場の経験が豊富ですから、この質感、一瞬でわかるんじゃないですか？

津川　入院病棟主体の単科精神科病院から臨床キャリアをスタートしたので、プレコックス感については、伝わってきます。理屈ではなく伝わってくるもの……その質感を大事にするということですね。

3 「症状それ自体」は存在しない

内海　症状というのは、それそのものとしてあるわけではありません。関係性のネットワークのなかで析出《せきしゅつ》するものです。診察場面では、患者と自分との関係のなかで像を結ぶ。場合によっては、境界性パーソナリティ障害のように、治療関係自体が症状となることもあります。

津川　一般に症状は、絶対的とまでは言えないとしても、ある程度、固まったものとして捉えられていますよね。たとえば、頭痛というものは厳然と実在するのであって、関係性のなかで出てくるとはあまり考えられていないですよね……

内海　たとえばプレコックス感を、単に「統合失調症」の症状と言ってすませる人もいるかもしれません。ところが提唱者のリュムケは、治療者が「自分なら簡単にかかわれる」と思い込んでいる、その万能感の鼻っ柱をくじかれる感じ、あるいはこちらの感情移入の手が届いていかない感じ、などと表現しています。あるいは、患者には接近したいという欲求があるにもかかわらず、恐怖がそれに勝るのだとも言っています。

津川　そんなふうに書いているんですね。まさに〝関係性〟ですね。

内海　プレコックス感をどう受けとめるかによって、患者へのかかわり方も変わってきますし、かかわり方によってプレコックス感の現われ方も変わります。治療者として統合失調症にアフィニティ（affinity／親和性）があるかどうかは、このあたりのセンスがあるかどうかだろうと思います。精神分析では転移不能ということになるのでしょう。

津川　プレコックス感に対する関係性の関与はよくわかりました。ただ、それこそ歯痛や頭痛などは関係性からはちょっと遠いものに思えてきますが、そこはどう考えたらいいでしょうか。

内海　歯痛や頭痛の場合、器質的な原因があれば、そこまで関係性で症状は動きません。またクライエントは痛みを取ってもらいたいので、そのために専門家を受診するという構造が明確です。ただ、われわれ精神科医のところに来るのは、それほど単純にはいかない痛みの場合がほとんどですね。

津川　私が個人的に大事にしているのは、頭痛でも他の痛みでも、器質的な原因が確定的にあったとしても、それをクライエントが生活のなかでどう体験しているのかということです。頭痛と言ってしまえば、一見どれも同じようにみえるけれど、目の前のクライエントが自ら訴えている頭痛をいつ・どのように経験しているのかということが、心理カウンセリングでは大きな比重を占めています。それを関係性という言葉に直接的に還元していいのかどうかは微妙ですが……

内海 たしかにそうですね。

津川 不安がある／ない、頭痛がある／ない、ということではなく、その症状がクライエントの日常のなかでどう生み出されているのか、どこで最も苦しんでいるのか、どの部分はそこまで意識されていないのか、そういったことを心理カウンセリングでうまく扱えると良い方向に向かっていきます。それも含めて関係性と捉えれば、多くのものが関係性の上に成り立っていると考えられます。これは器質的な原因を軽視するということではまったくありません。

内海 「症状それ自体」といったものは存在しません。では、症状をどのように捉えていくのか。津川先生のご質問に答えるとすれば、「地から図へ」という方向で把握するとよいと思います。操作的診断基準が普及している現在では、ともすれば、症状をピックアップして、それでよしとしてしまう風潮があります。症状は「つまみ食い」するものではありません。

4 地から図へ——生活・経過・性格・治療関係

内海　「地から図へ」と言いましたが、「地」に相当するものとして、とりあえず四つほどあげられます。まずは患者の「生活」です。津川先生が指摘されたように、生活のなかでその症状がどのように現れているのかという視点です。実際の患者の生活を具体的にイメージしながら症状を捉える……それが第一の視点です。

第二が「経過」。これまでどういう生活をしてきて、そのなかで、どのように症状が現れてきたのかという視点です。

津川　いわゆる生活史や現病歴といったことでしょうか。

内海　そうです。余談ですが、ＤＳＭ－Ⅲを主導したナンシー・アンドレセン（Nancy Coover Andreasen）は、それが当初志したものとはまったく違うモンスターになってしまったことを嘆いていますが、とりわけ生活史を軽視したことに苦言を呈しています[1]。

第三が「性格」です。患者その人が本来どういう性格・気質をもっているのか、その要素との関連で症状を診る。私が精神科医になった頃は、クレッチマー（Ernst Kretschmer）の多次元的な精神医学がまだ健在でしたから、病前性格との関連で病や症状を診るのはあたりまえのことでした。

津川 性格、パーソナリティですね。

内海 第四が「治療関係」です。先ほどのプレコックス感も、統合失調症の症状として最初から患者のなかにあるものだとみなしてしまったら、それで終わりです。そうではなく、かかわりのなかで捉えていく。おそらく統合失調症にアフィニティのある医療者は、そこに何かつながれるものを感じ取れるでしょうし、そこを大切にすれば、よい関係性が生まれてくることを知っていると思います。「自閉」という症状も、単に空想世界のなかに浸っているのか、それとも関係性を求めながらも怖がっているのか……それによって治療は随分違ってくると思います。

津川 そうすると、「症状」というもののイメージがかなり変わってきますね。先ほど内海先生は「標本」とおっしゃいましたが、症状は、すでに決められているスタティック（静的）なもの、一般に操作的診断基準に沿ってイメージされているものとはまったく違うということですよね。だとすれば、このような症状の捉え方自体がサイコセラピューティックなものでもあって……

内海 はい。症状を聞くことが患者にとって治療的になることが理想だと思います。

津川 単に「憂うつですか？」「だるいですか？」と聞いてチェックリストを埋めるので

はなく、その質問そのものがサイコセラピューティックになるようにする。

内海　もちろん、チェックリストには見落としがないか確認するという効用があります。また問診風に聞くことにも一理あります。たとえば内因性うつ病の方は、必ずしも憂うつと感じているとは限らない。そこへ「憂うつですか？」と聞かれると、「自分のこのやっかいな気分は憂うつというのか」と、名前が付いていて、少し安心するようなこともあるかもしれません。

津川　質問されることで、自分のなかの違和感が明らかになって安心することも……

内海　そういうこともあると思います。

5　因果の呪縛

内海　「地から図へ」ということに加えて、原則的に"How"で聞くということが大切です。なるべく"Why"では聞かない。

津川　それが初学者にとって一番難しいところかもしれません。圧倒的に一対一の因果関係論が染み付いていて、何かあると犯人探しのように原因を同定したくなるから、どうしても"Why"が前面に出てしまう。

内海　因果を求めたがるというのは人間の認識に取りついた病のようなものです。イギリス経験主義の哲学者ヒューム（David Hume）によると、因果は経験には依存しない。たとえば、ビリヤードの球が別の球に当たったとします。ここで起こっているのは単に物理事象にすぎないのですが、この球があの球にぶつかったから弾かれたというように、因果関係を求めてしまう……心に備わった本能のようなものです。

津川　もし本能に近いものであれば、臨床で拭い難いのも道理ですね（笑）。

内海　だからまあ因果を探ってしまうことはそんなに責められない（笑）。裏を返せば、“How”で聞くためには「訓練」が必要ということになります。

津川　風邪をひいたら「どうして」風邪をひいたのか、冷房の温度を間違えたせいだろうか、雨に当たったせいかだろうかと、すぐに原因を考えますよね。それを心理カウンセリングで回避するためにも、“How”を聞くことは、トレーニングで身に付けていかなくてはならない。

内海　“Why”で聞く弊害は、心理臨床でもよく指摘されていると思いますが、ひとつには、患者が責められているように感じることですよね。

津川　その通りだと思います。不登校のクライエントに「どうして学校に行っていないのですか？」と聞いたら、優しく言ったとしても、それは責められているように感じますよね。「体がだるいです」と言うクライエントに、「どうしてですか？」なんて聞いても、体がだるいのを何とかしてほしくて来ているのに……と当然思いますよね。こんなふうに治療関係において"Why"と直球で訊くと、弊害が出る……

内海　極端なケースをあげてみます。たとえば統合失調症の場合、「どうしてですか？」と聞いてしまうと、「この人は何か原因を知っているはずだ」「この人は私の秘密を握っているかもしれない」、あるいは「誰か原因を握っている者がいるのだ」と思いかねない。急性期などは特にそうでしょう。

津川　初学者に教える場合、このような"Why"の悪影響はロールプレイをしてみるとわかってもらえるようです。実際に自分が訊かれたら、ちょっと責められている感覚が直に伝わってきますから。憂うつかどうか、体がだるいかどうかを訊くのではなく、実際それがどのような質感を伴っているのかを聞くように私は伝えていますが、それでも"How"はやはり難しいようです。同じ憂うつでも体のだるさでも、人によって質感は異なるし、それを日常生活のどのようなシーンで最も感じているのかも異なります。言葉で表現するのが難しければ、メタファーを使ってもらったりもしています。視覚イメージのメタファーが得意なクライエントもいれば、言葉のメタファーを使いこなせる人もいますから。

ところで、この"How"を聞く姿勢は、どうすれば身につけられるものでしょうか。

内海　晩年の下坂幸三先生は「面接は基本的に患者の表現をなぞるものだ」と言われていました。たとえば「胸のあたりが気持ち悪い」と言われたら、それはどのように気持ち悪いのか、じくじくと気持ちが悪いのか、かさかさした感覚があるのか、それらのことを丁寧に聞いていくわけです。これだけでもセラピーになっている。

津川　「どのように?」と聞くだけではなくて、「喩え」を出すのですね。それに対するクライエントの反応を見極めていくことが「なぞる」に相当するのでしょうか。

内海　おそらく「なぞる」ことによって、質感が伝わってくるはずです。そしてそれを言葉で返していく。

津川　共感として伝わってきたものを言語化するわけですね。するとクライエントも何らかの反応を示すから、その反応にこちらもさらに合わせていって……

内海　神田橋條治先生はそれを、「患者の言葉に含まれるニュアンス」とか「味わい」などと言っておられたと思います。

津川　質感やニュアンス、そういうものを伴った体験としてのクライエントを一緒に捉えていくということですね。

6　結び目としての症状

内海　症状は、医学的には病の表れであると同時に、病への対処あるいは回復の試みがそこに含まれていることがあります。精神分析では「防衛」というのかもしれません。要は、病と対処の複合体であるということです。

実際、症状があることにより、程度の差はあれ、病理は減圧（decompression）される、言い換えればガス抜きされます。症状がない状態のなかで困惑しているよりは、症状があった方が、患者は多少安心できる。ただし症状が病を後押ししてしまうこともあります。パニック障害の予期不安などはその典型です。

津川　それはたとえば統合失調症の妄想などでしょうか。

内海　よく例にあげられてきたのは、破瓜《はか》型と妄想型の対比です。妄想型の人の方が、解体度が低く、よりゆとりがあります。ただ妄想も、対人的な軋轢《あつれき》をもたらすと、窮屈になりますし、社会的にも不利益をもたらします。その点では破瓜型の方が援助を受けやすい面があるかもしれません。

津川　症状のなかにその対処が含まれているという複合性が、特に初学者にわかりやすい精神疾患はあるでしょうか。

内海　たとえば、抑うつ症状には、それによって休まざるを得ないこと、さらなる過労を回避すること、そして対人援助の文化があるところでは、守ってもらえるといったことがあります。

また、以前よく言われていたのは、強迫症状や離人症状などは、時として統合失調症の発症の防波堤になっている場合があるということです。今は死語になってしまいましたが、ヒステリー症状についても、似たようなことが言われていました。たとえば解離症状が発動すれば、統合失調症は当座、回避されるでしょう。

あるいは統合失調症の症状にも、防衛的な側面があるかもしれません。幻聴が消えたあとに自殺してしまう事例があることなどは、臨床家のあいだではよく知られていました。統合失調症に限らず、一般的に症状が解消することは、回復のしるしであると同時に、危険と背中合わせであることも知っておくとよいと思います。

津川　なるほど。こんなふうにセットにして理解しておくと、単に悪い症状が現われているわけではなく、その症状にはこれ以上悪化しないように防ぐという意味もわかってきます。それが仮説だとしても、複合体としてみることができると、心理支援が平面的にならないですね。

内海　また、関係性自体が症状であるというケースもあります。最近はあまり言われなくなりましたが、代表的なものは境界性パーソナリティ障害でしょう。彼女たちは、関係性を強く求めますが、求めるほど猜疑心《さいぎしん》も深くなり、見捨てられ不安のなかで、治療者の理想化とこき下ろしが手のひらを返したように起きる。他方で、治療する側は、できれば手放してしまいたいと思いながらも、どうしても患者を見捨てられない。

ＡＳＤの場合には、関係性の不在がひとつの原型です。彼らは拒否しているのではなく、単純化して言うと、関係性そのものがわからない。あえてかかわろうとすると、パニックになることもあります。こうした精神病理を念頭においておかないと、よかれと思ってやったことが裏目に出ることになります。

解離については、私自身、経験が乏しいのですが、症状として客観的に記述できる部分と、やはり関係のなかでしか捉えられないものがあるような気がします。たとえば、その時その時でその人のモードが変わるとか、セッションごとに雰囲気が違ったりなど。そういうケースに、「もしかしたら？」と思ってたずねてみると、副人格などの症状が確認されたりすることがあります。そのあたりは、いかがでしょうか？

津川　解離について、毎回いつも同じという臨床実感は私にはなくて、起きている現象は似ていても、つまり解離はしているらしいけれど、悪くない質感の解離になっていると感じることがあります。当然、今日はちょっと厳しい状態の解離だと感じることもある。それは単にクライエントの状態像が悪いというだけではなく、私との関係性のなかで質感の違いが生まれているのだと思います。

内海　なるほど。

津川　実際、「今回も解離が起きましたが、前回とはちょっと違いますよね」と言うと、クライエントも同意されることがあって、そこから微妙な改善への希望を二人でもてる……そういった実感も、日々のセッションの関係性から訪れます。そこには手ごたえがありますから、二人で取り組んでいることはそれほど間違っていないらしいと、お互いが実感できるものが得られるのは大きいです。

内海　もちろん解離も防衛機制のひとつではあるのですが、臨床的に問題となるのは、自分のコントロールを大きく外れて制御できなくなる解離です。診療の場で起きたときに、治療者やクライエントがそのことに気づくことができると、ちょっとしたコントロールを取り戻せるきっかけにもなります。

津川　そうですね。解離の人は、それに名前が付くことで随分違うという印象があります。職場で、大声で泣き出して外に飛び出してしまうようなクライエントに、「その現象にはお名前があるんですよ」と伝えるだけでも、少しハンドルが利くところがあります。それに、解離症状はあらゆる場面で出ているわけではないから、どういう場面で症状が現われているのかを理解できると安心できるようになります。

内海　自分が苦しんでいるものに名前が付くことが救いになる。

津川　そうです。

内海　単にラベリングをするのではなく、治療的なネーミングですね。

津川　その通りです。人を含めたシチュエーションのなかで症状が出てくるとわかっただけで場面限定的に捉えられるし、同じ解離と呼ばれる症状でも少しずつ性質が変わりますから、それをきっかけにして緩やかに良くなっていく。治療の入口で診断名を付けられたとして、症状がなくなったあとに振り返って「あの頃は苦しかったですよね」といった話ができるようになるとは、最初の頃はまず思えないんじゃないでしょうか。

　これは解離に限ったことではなくて、どんなふうにして自分が良くなるのかわからない人はたくさんいます。風邪だったら良くなっていくプロセスが体験的にわかっているかもしれませんが、精神疾患は初めて経験する方も多いから回復過程がわからないことが多い。だからこそ単なるラベリングではなく、症状に関する意味のあるやりとりが必要です。

内海　解離はクライエントのなかでは、われわれが「解離」の名でイメージするような明確なものではなく、捉えどころのない、あるいはわけのわからない怖いものとして体験されている可能性があります。面接を通して、それがかたどられていくと、クライエントも少し安心するだろうと思います。

実は、われわれ精神科医は、症状が把握できると、アンカー・ポイントが見つかって安心するという習性があります。それは、治療者にゆとりを与えてくれるものです。他方で、性急な外側からのラベリングにならないように注意しなければなりません。診療の場を通してのネーミングであれば、患者とも共有でき、回復のひとつの指標にもなります。

◉注

1――Andreasen（2007）

◉文献

Andreasen, N.C.（2007）DSM and the death of phenomenology in America : An example of unintended consequences. Schizophrenia Bulletin 33 ; 108-112.

◉参考文献

原田憲一（二〇二四）『意識障害を診わける』、金剛出版

兼本浩祐（二〇一一）『こころはどこまで脳なのだろうか』、医学書院
内海健・兼本浩祐（二〇二一）『精神科シンプトマトロジー――症状学入門［心の形をどう捉え、どう理解するか］』、医学書院

第四章　症状と診断2
DSMから質感《クオリア》へ

1　診断は治療の下僕《しもべ》である

内海　ここからは診断についてお話しすることにしましょう。最初に重要なことは診断というものの位置づけです。私は研修医に教えるときなどに、「診断は治療の下僕《しもべ》である」と明言します。あたりまえのことを言っているつもりなのですが、ちょっとびっくりする人もいます。

昨今の精神科の臨床報告を聞いていると、まずは正しく診断して、しかるのちに正しいアルゴリズムに則って治療する、そんなフラットなものばかりになっています。それで手堅くよくなっているなら申し分ありません。しかしそういうわけでもない。薬の治験をモデルにしているのではと思うことさえあります。実際には、そんなに整然と診療が進むはずがない。

津川 それは、精神科の研修医が意外に習わないことではないでしょうか。医学ではじめに習うのは正しい診断と正しいアルゴリズムだと思いますから。

内海 私なら、つまらなくなって、精神科をやめているかもしれませんね（笑）。たとえば統合失調症とおぼしきたたずまいをした患者が受診したとします。そこへいきなり、幻覚や妄想について無神経に問いただしたなら、彼の内面の安全性を脅かして、関係を台無しにしてしまうでしょう。それゆえ、診断のための症状の確認は最小限に留め、距離感を尊重します。つまり治療が優先されるのです。同時に、そうした距離感を大切にしている自分のスタンスから、実はおおよその見立てがついているものです。

津川 心理士の立場からすると、診断をつけられたクライエントにお会いして、たとえば「うつ病だと診断されてどう思われました？」と聞いてみると、診断をどのように体験しているのかはみんな違っています。抗うつ薬を飲んで助かっている方も、もちろんいらっしゃる。ところが微妙な体験をされている方もいるし、別の診断名をつけてほしいと訴える方もいます。このように、診断をどう体験しているのかは、人によってすごく違うと思うんですけども、このことも「診断が治療の一環である」ということですよね。

内海　そういうことです。「診断が治療の下僕である」ことは、救急の現場を考えてみればわかります。正しい診断がつくまで治療に着手しなければ、それこそ命にかかわります。救命のためのそのつどの見立てをしながら、やってしかるべき処置を迅速に行わなければなりません。

　これに関連して、津川先生はよくご存じのことですが、診断の優先順位についてお話ししておきましょう。精神科では「器質性」「内因性」「心因性」という三分類があります（表❶）。このうち診断が最も優先されるのが器質性であり、それに意識障害の有無の確認が加わります。精神科医は、この二つについては、絶対に見逃せません。

　器質性には大まかに二つあって、ひとつは脳神経系に由来する疾患であり、脳炎などの感染症や認知症などの変性疾患があります。また、症状精神病といって、身体疾患の症状のひとつとして精神症状が出現するもの、たとえばＳＬＥ（Systemic Lupus Erythematosus／全身性エリテマトーデス）などの膠原《こうげん》病によるものがあります。そし

表❶　見立ての原則（笠原，二〇〇七）

器質性⇒内因性⇒心因性
重症度（急ぐのかどうか）
すぐにできること、副作用がなくできることを考える

てもうひとつが外的要素に由来するもの、たとえば薬物などに起因するものです。また明白な意識障害の場合は問題ありませんが、軽いものは見落とされがちです。

津川　いわゆる軽度意識障害ですね。心理士は心理尺度のことは習いますが、医療現場で働くようにならないと軽度意識障害の見分け方はあまり習わないと思います。私が初学者に教えている軽度意識障害の見分け方は「時間」感覚です。軽度意識障害になると時間の感覚が大きく狂いますから、病院実習に行く前にそのポイントを質問してきた学生にはそう伝えています。実際、器質性症状や意識障害の重要性と優先性は私も教えていて、そうしないと心理士が医療に回すべきものを見逃してしまうからです。

内海　大切なポイントですね。それに加えて錯語や話のちょっとしたまとまりのなさも重要です。簡単な検査としては、serial 7 や digit span(1) などが役に立ちます。

器質性が除外されれば、次に内因性です。内因性は定義が難しい概念ですが、とりあえず器質性でもなく心因性でもない、統合失調症と気分障害（躁うつ病）を合わせたものと考えてください。そして、しかるのちに心因性を考えます。これは重要度というより、あくまで臨床的優先度です。このあたりは、心理士の方がむしろセンシティヴじゃないでしょうか。この人は薬物療法の適応があると思うのでよろしくお願いします、といった具合に、私に紹介してこられる心理士もおられます。

津川　実際、早く薬を飲んだ方が楽になると思うけれど、本人は心理カウンセリングだけを希望するケースもあります。そこを的確に見立てて、丁寧に説明して、医療機関に適切につなぐのは、私たち心理士の使命のひとつだと思っています。

2　概念《コンセプト》はどのようにつくられるのか？

内海　ところで、精神科の見立ては、それによって事例の見通しがよくなると同時に、個々の事例の個別性を消すことのない一種の「緩《ゆる》やかさ」をもつべきだと私は思っています。

津川　「緩やかさ」……一般に診断は厳密なものだと思われているかもしれませんね。

内海　少し説明してみます。そもそも概念《コンセプト》というのはどのようにつくられるのでしょうか。アメリカの認知心理学者ロッシュ（Eleanor Rosch）が提唱した「プロトタイプ理論」によると、私たちの概念は、わずか数例でおおよそのコアができあがります。
たとえば、子どもが「犬」という概念を習得するのに、一〇〇匹もの犬に遭遇する必要はありません。その際、どのように学んでいくかというと、親たちがゆびさしをして「ワンワン」などと教えるわけです。定義を教えるわけではない。仮に子どもが猫をゆびさして「ワンワン」と言ったら、「あれは猫よ」と言って訂正しますが、端的にそうするだけで、どこがどう違うのか、細かな説明はしない。生きた概念というものは、こんなふうにできあがっていく。定義というものは、あとからつくられるものなのです。

アメリカの動物学者でテンプル・グランディン（Temple Grandin）という方がいます。彼女はASDと診断されており、自伝も出版しています。[2] それを読むと、彼女は「犬」という概念がわかるのに大変苦労したことが書かれています。みんなが犬と呼んでいるものを見ると、どうも猫より大きいらしいことがわかる。でも猫より小さい犬に出会うと、その概念は壊れてしまうのです。大きさも、色も、鳴き声もまちまちのものを人は「犬」と呼んでいる。ではいったい犬を犬たらしめる共通の属性は何かと探していくうちに、最終的に、鼻の穴の形で鑑別できるという結論に彼女はたどりつきました。しかしこのようなやり方は、グランディンのような特異な才能がないとできない。数が増えれば増えるほど、共通項はなくなっていきます。

「鳥」の概念も同じです。最初は、庭にやってくるスズメやカラスを見て、鳥とは大体こんなものだとコアの概念がつくられます。そののち、ダチョウやペンギンが鳥だとわかっても、コアは崩壊しない。羽が退化して飛べない種類の鳥もいるのだというようにモディファイ（修正）されていきます。生きた概念というのはそういったものです。

本来は、診断も疾病の概念である以上、同じように形成されるはずです。自分のなかに統合失調症という概念のコアが形成されるのに、一〇〇例もの事例を診なければならないということはないですよね。

津川　すると一種の症候群《シンドローム》に近いものでしょうか。つまり、一種類のものが診断をつくっているわけではなく、鳥という概念の下にいろいろな鳥が含まれるように、複数の要素が含まれているのが診断概念であるというように……

内海　そうですね……さすがに一例だと概念形成はできないと思いますが、いくつかの事例を経験すれば、あの事例とこの事例が似ているというイメージが生まれます。そのとき、共通項を厳密に抽出しているわけではない。たとえば統合失調症を一〇〇例経験したとして、それらに共通する属性を抽出しようとしても、何も残らないでしょう。だからといって、その人に統合失調症の概念ができないということにはならない。最初から操作的診断を暗記して、それを臨床的に当てはめるだけに終始していると、コアの概念が形成されないということがありえるかもしれません。大切なのは、経験から学ぶ回路を確保しておくことです。外的なクライテリアに基づく診断は、ほどほどに受け止めておくのがよいでしょう。

津川　実際、Aクリニックで診断された内容が、数年後、Bクリニックでは別の診断に変わるといったことは珍しくないですよね。そのときの状態像によるということもあるでしょうし……

内海　その時々の診断基準に影響されているということもあるでしょうね。

津川　そういった側面もありますね。過去に複数の診断名を言われた経験のあるクライエントは多いです。すると、診断は決定的な進路を示すものというよりは……

内海　あくまで暫定的なものであって、治療者や患者の理解に役立つものということでしょう。

3　DSMそれ自体が正しいわけではない

内海　ここからDSMの話に移っていけそうです。まず前提として、DSMそれ自体が「正しい」診断体系であるというわけではない、ということを押さえておきましょう。間違っていると言っているわけではありません。DSMに準拠すれば、この診断は正しいかどうかということは検証可能です。しかしそもそものDSM自体が正しいかどうかは決定できません。

津川　一般には、統計的に導き出された実証的な基準というイメージがありますよね。

内海　統計的とか実証的と言われると、いかにも科学的なクライテリアのようにみえます。

津川　それはたとえば、「抑うつ気分が二週間続く」といった基準のことでしょうか。

内海　ＤＳＭは信頼性（reliability）を重視して、妥当性（validity）を問いません。つまり、誰が診ても同じ診断に至ること（信頼性）に軸足を置いていて、クライテリア自体が病気の本態を正しく映し出しているかどうかということ（妥当性）は棚上げされています。評価者間の一致率の高さを担保するのがＤＳＭの設計思想です。

津川　Ａ医師が診断してもＢ医師が診断しても、同じ結果になるということですね。

内海　研修医が診ても、ベテランが診ても、さらにはリサーチャーが診ても同じ結果になることが理想とされます。ただし同じ結果になったとしても、それで診断基準自体が正しいことにはなりません。

これは何もＤＳＭを真っ向から否定しているのではありません。バイオマーカーがないなかで研究するためには有力な方法です。とりわけ疫学や統計にとっては欠かせません。ただし、生物学的研究に役立つかどうかというとあやしい。一番滑稽にみえるのは、臨床でそれを金科玉条のごとく墨守《ぼくしゅ》している場合です。えてしてそれが科学的な態度だといわんばかりの人もみかけます。

津川　ただ精神科領域に勤務する心理士にとって、DSMなどの操作診断基準は、やはりインパクトがあると思います。

内海　DSMの設計思想を説明するために、少し歴史を振り返ってみましょう。現在のDSMの思想は一九八〇年の第三版（DSM－III）で確立されたものです。第二版（DSM－II）までは、精神分析に基づいた分類でした。ところが、当時も今も、精神分析家は診断分類などにあまり関心がありません。そうしたところに、ドイツの記述的精神医学を信奉する「ミッド・アトランティクス（中西部学派）」と呼ばれるグループが、APA（アメリカ精神医学会）の診断部門に入り込んで、DSM－IIIを作り上げました。ですから基本は素朴な記述にあります。

信頼性が設計思想のひとつの軸となった要因としては、アメリカとイギリスのあいだで行われた比較研究があります。ビデオで同一の症例を提示したところ、ニューヨークの精神科医はより統合失調症と診断し、ロンドンの精神科医はより躁うつ病と診断しました。一致率がきわめて低かったのです。

もうひとつの設計思想が「無理論的（a-theoretical）」という原則です。これは病気の診断に成因論を持ち込まないということ、つまり精神分析理論などで説明せず、記述に徹するというルールです。

津川　どういう理由でうつになっても条件が揃えばうつ病と診断されるのはこの原則による、ということですね。

内海　唯一の例外がPTSDで、心的外傷という原因が前提とされます。おそらくベトナム戦争帰還兵のことが考慮されたからでしょう。

「操作主義（operationalism）」についても一言説明しておきます。操作主義というと、明確なクライテリアに従って診断を下していくイメージがあるかもしれません。たいていの精神科医はそんなものだと思っています。しかし本来の操作主義はそういうものではありません。

最初に提唱したのは実験物理学者のブリッジマン（Percy Williams Bridgman）です[3]。彼は、「物理学の概念は、それに対応する一連の操作にほかならない」と言います。つまりは測定する方法に等しいということです。質量、速度、時間、位置などの物理的概念は、最初から厳密な定義があると我々は思い込みがちなのですが、それらは測定の仕方にすぎないのだと。

「長さ」を例に取れば、物差しを当てる、歩数を数える、目で見て推定する、音や光を当てて跳ね返ってくる速さを計測する、そういう測定方法によって、「長さ」の概念自体が変わってくる。測定しないうちは、長さなどというものはない、ということです。あるいは鉱物Aと鉱物Bのどちらが硬いか、つまりは「硬さ」の操作的定義として、お互いに引っ掻いてみて、傷がつかない方を硬いとするといった例があげられています。

このように、概念それ自体があらかじめ先験的《ア・プリオリ》にあるわけではなく、測定方法に対応して決まってくるというのが本来の操作主義です。なかなか魅力的な考え方ですね。しかしDSMではまったく異なった意味になっています。

津川　単に明確なクライテリアがあるということを操作主義としているのですね。

内海　そうです。DSM-Ⅲが策定された当時、この診断体系はそれほどのインパクトはなかったのですが、DSM-Ⅲ-R（一九八七）を経てDSM-Ⅳ（一九九四）になると、策定者の意図を超えたパワフルなものとなり、世界の精神医学をリードしていきます。彼らの本来の意図は、診断に記述的なものを復興させるというささやかなものでした。また、一定の臨床経験を積んでから用いるものであり、研修では使うべきではないといった、謙虚な但し書きもありました。

津川　そうすると、DSMがこんなふうにつくられていることをわかったうえで使っていくのが、ＤＳＭとの適切な付き合い方ということになりますね。基準として盲信していては、いつまでたっても治療的な診断にはつながらない。

内海　そうです。ある程度の経験を積んできた領域に関して言えば、ＤＳＭでは物足りない、そう感じない方が問題だと思います。ただ、経験の乏しい領域に関しては、役に立つこともあります。

4　見立ての起きるとき

津川　ここまで、診断は治療のためのものであって、それゆえに緩やかなものでもある、ということをご説明いただきました。診断が絶対的で固定的なものだと捉えてしまうと、心理支援が硬直化しかねないという意味でも、とても重要なご指摘と思います。診断という行為ができない心理士であっても、医師の診断をそのまま盲目的に持ち込めばいいという話ではなくて、診断がもつ意味、治療との関係をよく理解しなくてはならないですね。

内海　ＤＳＭは心理士にも参考になるとは思います。ただ、質的な判断はできないと思います。

津川　実際、同じ抑うつ的といっても、今はまだ食欲もあって不眠もひどくはないけれど、このままだと悪化するといった質感があった場合、心理カウンセリングを行いつつ、医療機関に行くことを勧めて話し合ったりします。

内海　かつては、内因性と心因性を鑑別したうえで、積極的に薬物療法を導入した方がいいケースと、精神療法を中心にかかわった方がいいケースを仕分けてきたのではないでしょうか。

津川　少なくともDSMを真っ先に持ち出して、基準のうち○個を満たしているから医療に行った方がいいと説得するようなことをしたことはないです。ただ、DSMやICDが便利なのは、医療関係者のなかで話が通じやすい、チーム医療に貢献するという点はあると思います。

内海　精神科医に依頼した方がいいと考えるときの判断のもととなるのは、やはり質感だろうと思います。重症感、切迫感などから内因性を探り当てているものと思います。それらは操作診断基準では推し量れない。「このクライエントは精神科医に診てもらった方がいいのでは？」と感じる。その感覚を広げてみることです。

津川　たとえば、ご本人は身体がだるいとは言っていなくても、「お身体がかなりつらいんじゃないですか？」と言いたくなる質感が伝わってきたときにどう動くか……

内海　まさにそういうところです。支援者がどうかかわろうとしているかということから、見立てができているところがあると思います。先ほど統合失調症について言ったように、不用意に踏み込んじゃいけないということが質感としてわかるとき、自分のなかに、ある種の見立てが成立している。

津川　そうだと思います。「これ以上はこの話を聞かない方がいい、家族の話になりかけている、生活の方に話を持っていかなくては」といったシーンは、普段の臨床で明確にありますから。

内海　きっとその瞬間に見立てが起きている。にもかかわらず、最初からＤＳＭに委ねると、それらを切り捨ててしまうことになってしまいます。

津川　確実に危機を察知して拾って、そのときすでに心理支援の方向性も決まってきているから、そういう意味でサイコセラピーと本来の意味での診断は分かちがたくつながっていることになりますね。

＊

内海　どうも最近の若手臨床家のなかには、診断に関して客観的な正解なるものがあると思い込んでいる人がいるようです。独善に陥るのも問題ですが、今はスーパー・フラットな標準化を危惧しています。ベテランになると、経験値によって、確からしさは上がってきますが、みずみずしい経験ができるのは、若手の特権のようなものです。本来は、彼らの方が生き生きした質感を捉えられるはずなのですが。

津川　質感の把握を名人芸のように考えてしまうのはちょっと違っていて……若手臨床家は質感を鋭くキャッチしているけれど、基準に当てはまらないからといってそれを捨ててしまうとか、それこそ主観じゃないかといって捨てていたとしたら、それは大きな損失ですよね。たとえば来談したクライエントの様子に関して私に報告してくれるとき、たしかに感じているものはあるのに「外見上憂うつそうには見えなかった」といった表面的な報告にすり変わることがあります。後から話していると質感をすでにキャッチしていたとわかることも少なくなくて……

内海　DSMのようなものは、参照枠程度に使うくらいがちょうどいいのだろうと思います。ご利益もないわけではありません。訴訟になったときなど、一応、標準的な診断基準に準拠していたことのエビデンスになったりします。ですから使いようだと思います。

津川　症状理解を名人芸だと思わないというのは大切ですね。自分のキャッチした質感を捨てないでちょっと言葉にしてみる。クライエントには言えなくても、仲間同士でもいいから言葉にしてみるところから始めてみると、鍛えられるように思います。

内海　初学者の方がみずみずしい感性をもっているのだから、それを大切にしてください、ということを今回の最後に伝えたいと思います。

◉注

1――Serial 7はＭＭＳＥ（mini-mental state examination）の一項目。「一〇〇から七を順番に五回引いてください」と患者にたずね、その回答の当否によって、せん妄の中核症状である注意力障害の有無を評価する。digit span（数唱範囲）は、ある桁数の数字を伝えた後、先頭および逆から正しい順番で思い起こせる桁数を測定するワーキングメモリー測定尺度。

2――グランディン＋スカリアノ（一九九四）

3――パーシー・ウィリアムズ・ブリッジマン（一八八二－一九六一）。主著にThe Logic of Modern Physics（Bridgman, 1927）がある。

◉文献

Bridgman, P.W.（1927）The Logic of Modern Physics. London, The Macmillan Company.
テンプル・グランディン＋マーガレット・Ｍ・スカリアノ［カニングハム久子＝訳］（一九九四）『我、自閉症に生まれて』、学習研究社
笠原嘉（二〇〇七）『精神科における予診・初診・初期治療』、星和書店

◉参考文献

原田憲一（二〇二四）『意識障害を診わける』、金剛出版

兼本浩祐（二〇一一）『こころはどこまで脳なのだろうか』、医学書院
内海健・兼本浩祐（二〇二一）『精神科シンプトマトロジー――症状学入門［心の形をどう捉え、どう理解するか］』、医学書院

第五章　気分障害1
地味に、手堅く

1　気分障害を概観する――内因性／心因性

津川　今回は、気分障害に分類される「うつ」と「躁うつ（双極性障害）」について教えていただきたいと考えています。随分昔にさかのぼりますが、うつ病は、少人数の特定の人が罹患すると教わりました。ですが今では、うつ病は「心の風邪」と言われるようになり、いつでも誰でも罹患しうるもので、体の病気があれば二次的にうつになることも多いといったように、概念が変わってきているようにも思います。実際、厚生労働省の報告(1)をみても、うつが増えていることがわかります。そこで、まずは「うつとはどういうものか？」を精神病理学の視点で教えていただきたいです。

内海　私が研修医としてキャリアをスタートした頃の外来診療では、うつ病は少数派でした。一九八〇年代の有病数は日本全国で一〇万人ほどだったと思います。

津川　一九八〇年というとＤＳＭ－Ⅲが発表された頃ですね。

内海　それから二〇年ほど経った二〇〇〇年代には、一〇倍の一〇〇万人に膨れ上がっています。これは一体どういうことなのか。いろいろな要因があると思いますが、おそらく「内因性うつ病」の人たちの数はそれほど変わっていない。その周辺にあったストレス因子などによって発症する「うつ」の事例が爆発的に増えたのだろうと思います。

津川　私が習ったのはコアな「内因性うつ病」の方で、そちらの数はあまり変わらなくて、その周辺が爆発的に増えたということですね。

内海　そういうことだろうと思います。これには医師の準拠する診断分類が変わったことが大きく影響しています。原因を問わないのがＤＳＭのポリシーですから、それを踏襲する現在の精神医学は、コアも周縁も区別しません。しかし、実際の臨床では、内因性と心因（ストレス因）性の区分は有用です。もちろん、両者はクリアカットに鑑別できるとは限りません。軽症化とともに、両者の境界は曖昧になっていますか。ですからとりあえずは一種の「スペクトラム」のようなものとして考え、「より内因性が強いタイプ」「よりストレス因性が強いタイプ」と、大まかに把握しておくのがよいでしょう。

津川　対人援助職全般を考えると、一般的にはストレス性の「うつ」の方がわかりやすいでしょうから、今回は特に内因性を重点的に教えていただいた方がいいかもしれません。

内海　了解しました。大まかには、より身体に近いところで「うつ」が起こっているのが内因性、より心に近いところで起こっているのが心因（ストレス因）性と考えてください。

前回（第四章）お話ししたように、医師は内因性の方をまずは考えます。何も有力な心因やストレス要因がないところに「うつ」が発症していれば、まずは内因性ではないかと見当をつけます。職場やプライベートで過度なストレスを被っている場合でも、すぐさまそれを原因と考えるのではなく、関係を逆転させてみます。うつ状態が先行しており、その結果として仕事がさばけず過労状況になっていたり、ミスをしやすくなって注意をされたり、ちょっとしたストレスでもうまくさばけなくなっていないだろうか、といった具合に。もちろん心因やストレス因を軽視するということではありません。

津川　因果関係を一方向で考えるだけでなく、逆転させて考えてみるということですね。そもそもうつになっていて、そこにうまくいかないことが起こって、さらにうまくいかなくなって……と視点を換えてみる。

内海　ちなみに、内因性の「うつ」は「それ自体の理屈で動いている」ということ、つまりは「自生性」がそのエッセンスです。つまり、環境とは独立に、それ自体の理屈で発症し、持続し、そしてそれ自体の理屈でよくなっていく……これが内因性うつ病の基本形です。もちろんまったく周囲の影響を受けないということはありません。また、置かれた状況のなかで、本人は何とかしようともがいているでしょう。しかし何か自生的（autochthonous）な病理が感じ取られたら、まずは内因性を考えます。というより、それを感じ取れるかどうかが精神科医のセンスです。

津川　だからこそ「endogenous（内因性）」と呼ばれるんですね。

内海　そうですね。クレペリン（Emil Kraepelin）の時代から、内因性うつ病は回復可能性が担保されていました。休息を取り、保存的に対応していれば、「それ自体の理屈で」よくなっていく。一九五〇年代には抗うつ薬が開発され、六〇年代から本格的に使用されるようになり、一定の効果を発揮しました。また、患者は、必ずしも本意ではありませんが、sick role（病人としての役割）を比較的よく受け入れてくれました。それゆえ医療と相性のよい疾患だったのです。

他方、精神分析的なアプローチはことごとく跳ね返されてきました。カール・アブラハム（Karl Abraham）、フリーダ・フロム＝ライヒマン（Frieda Fromm-Reichmann）、シルヴァーノ・アリエティ（Silvano Arieti）など、洞察にあふれた論考が生み出されましたが、治療的には敗北しました。そして一九六〇年代にアーロン・ベック（Aaron Temkin Beck）の認知療法が登場します。ベックはもともと精神分析家でしたが、認知にアプローチすることにより、心理療法の有効性を見出したわけです。

津川 つまり、深層心理学に基づく洞察志向のアプローチは治療的には必ずしもうまくいかなくて、認知や行動にアプローチするようになったということですね。

内海 そういうことになります。オーソドックスに考えると、うつ病では、認知が病的な気分に引き寄せられます。つまり、自己価値が低下したり、未来に希望がもてなかったりするのは、気分＝感情が落ち込んでいるためだとされます。ベックはそうした旧来の発想を逆転させてみたわけです。

津川 逆転の発想で、感情ではなく認知に介入することになった。

内海 本来、うつ病は気分だけではなく、思考や行動など、多面的な現れ方をする病だったのですが、そのことをベックの治療が示したことになります。

津川　日常臨床では、心因性の傾向がある人も内因性の傾向がある人も、あらかじめ分類されることなく対人援助職の前に現れます。そのときに心因性と内因性が強い方を見分けることが大切で、サイコセラピーの方向性も随分違ってくることになります。

2　「内因性の香り」

津川　内因性うつ病の特徴について、もう少し詳しく教えていただけますでしょうか。
内海　私見になりますが、確からしい所見をあげてみます。ひとつは「朝の起きたての気分」です。日中は何とか気分を奮い立たせようとするものですが、朝起きたてのときには、なかなかそうはいかない。さっぱりしない、うっとうしい、そうしたえも言われぬ不快な気分が患者の言葉のなかに感じ取られれば、ひとつの指標になります。
　もうひとつは身体、とりわけ自律神経系に現れる症状です。中途覚醒、早朝覚醒など睡眠に関するもの、それから食欲の低下や体重減少などです。性欲の低下も指標になります。
津川　どれも「体」のことですね。
内海　日本のうつ病研究の第一人者である神庭重信先生は、「内因性の香り」を与える症状として「日内変動」と「精神運動抑制（制止）」をあげておられます。[2]

津川　ＤＳＭでは、「抑うつ気分」「興味または喜びの喪失」という順に説明が開始されていますね。これが教育上は強く影響しているように感じます。たとえば、クライエントが「普段は楽しめているゲームをやりたくなくなった」と話すと、「興味または喜びの喪失」という網目には掛かりやすいですが、大切な「精神運動抑制」が含まれているかもしれないという発想はあまり浮かばないのが現状かもしれません。

内海　今あげられた二つの項目のうち、ひとつは必ず満たすことがＤＳＭの major depressive disorder の診断に必須とされています。そこにはアメリカ人が何をもって「うつ」としているかが反映されています。つまり文化結合性の症状です。それに比べると、「抑制」はより普遍的な症状と言えるでしょう。

ただ、現れ方は時代や文化によって変わります。一昔前には定番の質問があって、男性の勤め人なら朝刊が読めるかどうか、女性の専業主婦なら献立が考えられるかどうか、というものでした。重症例では、思考は乾いた雑巾をしぼって水を出そうとするような苦行となります。

津川　そうでしたね。

内海　あまり「脳」という言葉は診療で使いたくないのですが、若い人には「脳の情報処理能力が落ちている」といったようなフラットな表現の方が、受け入れられやすいこともあるようです。

津川　以前は思考抑制と行動抑制に分け、二つを合わせて抑制としていました。先ほどの朝刊や献立のご説明は、入力が難しくなるという意味では思考抑制の側面のように思いますが、このとき同時に行動抑制についても質問と行動観察を通じて手掛かりを探っていくわけですね。

内海　はい。ただ、軽症化とともに、行動抑制が顕著にみられる事例は少なくなっています。

津川　以前は、それまで毎日入浴していた方がいたとして、それが今どうなっているかなどを手掛かりにしていましたが、軽症化とともにはっきり行動抑制と捉えられるケースは減っている。それでも基本姿勢としては、思考抑制にせよ行動抑制にせよ抑制の症状がないかどうかは大事にする、ということでしょうか。

内海　そうですね。行動抑制の場合、とりあえず、普段はあたりまえにできていたことがおっくうになったかどうか聞いてみるとよいと思います。

津川　いつも几帳面だった人が、仕事から帰ってネクタイをゆるめただけで座り込んでしまう……みたいなことですよね。

内海　ええ、そういう具合に、単に「おっくうですか？」と聞くのではなく、実際の生活場面に即して捉えられると、患者本人も「これはちょっと異様だ」「普段とは違う」「サボっているわけではないのかもしれない」などと思うようになります。休息することも受け入れやすくなります。診断のプロセスが治療的にもなるひとつの例です。

津川　クライエント本人の生活に密着した具体的な質問をして、症状を丁寧に捉えていくことは心理アセスメントでも大切ですし、それ自体がサイコセラピューティックでもあると思います。

内海　抑制に関連して補足しておきますと、たいていの場合、抑制は焦燥とペアになって出現します。おっくうだけど何とかしなければいけない、でもどうしても取りかかれないとじりじりする、タスクが溜まっているのに頭が働かず焦ってしまう……抑制と焦燥を対で捉えておくと、彼らの苦しさが少しわかるかもしれません。

津川　臨床実感として、そう思います。クライエントの多くが何か行動に移さなくてはならないと焦っています。これを初学者に口頭だけで伝えても、なかなか実感として伝わりにくいので、臨床現場に身をおいてこその実感かもしれませんね。

内海　かつては「焦燥うつ病」という言葉もありました。あてもなく部屋のなかをうろうろ歩き回る、それでも何もできなくて、苦悶のあまり頭をかきむしる、そうした観察可能な焦燥はあまりみかけなくなりましたが、ほとんどの患者が内的な焦燥を抱えています。

治療においても、焦燥は重要です。問診で把握しやすく、薬物が比較的効きやすい。そして焦燥が取れないとなかなか回復軌道に乗らないということがあります。

津川　抑制と焦燥、アセスメントのときにこれらをセットで考え、丁寧に聴き取っていくということですね。

3　「抑うつ気分」がわかったらプロ

内海　そして、意外に聞き取るのが難しいのが「気分」です。抑うつ気分はうつ病の中核的な症状ですが、的確に捉えるのは難しい。気分が落ち込んでいるかどうかと聞かれたら、たいていの患者は肯定します。だが、通常の落ち込み方とどこがどう違うのかはわかりにくい。

DSMではそのあたりの区別はしていません。一様にdepressed moodとされます。それだけアメリカでは気分が落ち込むことが異様（strange）とされているということかもしれません。

先ほど内因性はより身体に近いと言いましたが、それは抑うつ気分にも当てはまります。しばしば気分は身体的に表出されます。たとえば、胸のあたりが「重苦しい」「塞ぎ込んでいる」などというのは、「うつ」の典型的な現れ方です。

津川　これもまさに体ですね。

内海　研修医の頃、先輩から「うつ」は悲しいとか落ち込んでいるといったものではなく、むしろ二日酔いやインフルエンザで寝込んでいるのに近いのだと教えられたことがあります。二日酔いにたとえるのは不謹慎かもしれませんが、一度でも経験した人にはわかります。ただし、二日酔いは当人にその原因がわかっているし、たいていはその日のうちによくなることも知っています。だから耐えることができる。

津川　今は苦しいけれど、抜けられるというように。

内海　うつの場合は、原因もよくわからないし、いつよくなるかもわかりません。二日酔いは自分のせいですが、「うつ」は自分が悪いわけではない。それなのに、不甲斐ないとか、申し訳ないなどと自分を責めたりします。

こうした例外的な気分に浸されている一方で、生き生きとした感情が失われていきます。喜びだけでなく、喜怒哀楽すべてにおいて感情が疎になります。悲哀も例外ではありません。抑うつ気分は「悲しい」とは質的に違います。そのことを強調して「悲哀不能」であると言われたこともあります。

津川　喜怒哀楽そのものがトーンダウンするわけですね。

内海　私の知人がうつになったとき、普段熱狂的に応援しているプロ野球チームが、わずかの差で優勝を逃したのに、くやしい気持ちが湧いてこず、これは病気に違いないと納得したと言っていました。

津川　生き生きとした感覚がなくなることもヒントになりますね。抑うつ気分と一口に言っても実際はかなり多様ですから、先ほど指摘していただいたポイントを大事にしておけば、内因性の「うつ」を見逃さない適切なアセスメントができますね。

4　「うつ」の認知

内海　思考のあり方も重要です。うつ病では、自己価値が低下し、未来が閉塞され、迷惑をかけて申し訳ない、といったようなことが表出されます。内容だけみると、誰にでも起こりうるようなことであり、また落ち込んでいるのだから当然だとみなされがちです。

たいていの場合、周囲の人たちは「だいじょうぶだよ」「ちょっと疲れてるんだよ」

「あまり気にしないで」などと言って慰めます。ですがそれに対する反応性がありません。場合によっては、相手をしている方が疲弊してくる。

津川 いくら慰めても相手が反応しないので、声をかける方が困惑してしまう……

内海 「そこまで思い詰めなくてもいいのに」とか、「そもそも、どうしてこんなに心配してやらねばならないんだ」などと少しうんざりしてきます。さらに「自分が休むとみんなが困る」までいくと、それは背負い込みすぎなのではと感じられる。内容は自責的ですが、誇大的なものがその裏に感じられます。

津川 背負い込みすぎの思考は誇大的思考につながっていて、ここでも一見真逆にみえるものが共在しているわけですね。

内海 最近の臨床では少なくなりましたが、うつ病には稀ならず妄想が伴うとされていました。

津川 罪業妄想とかですね。

内海 罪業妄想、心気妄想、貧困妄想がうつ病の三大妄想と言われてきました。これらは抑うつ気分から了解可能なものとして、二次妄想とされています。

津川 精神保健の教科書などでもそう書かれていますね。

内海 しかしそれは間違っています。統合失調症の妄想は、多くの場合、妄想と現実が二重構造をなしています。ところがうつ病の妄想では、完全に確信しきっている。この確信は、気分から了解できるものではない。ただし、試験に出たら、二次妄想としてください（笑）。

津川　以前は、「これから自首します」と患者に言われることも、ままありました。

内海　実際に自首したり、辞表を出したり、あるいは家族が通帳や株券などを見せているのに、「無一文になった」「借金取りが来る」と言って聞かなかったり。行動化しやすく、自死に至ることもあります。

津川　入院していても「お金がないから」と強く言ってまったく食べようとしない、といった感じでしたよね。

内海　最近は稀になりましたが、妄想の縮小版は、いわゆる軽症うつ病でも結構見られます。たとえば「申し訳ない」といったさりげない言葉でも、安易に了解的に受けとめないことです。

津川　そうすると、内因性うつ病は依然として存在しているけれど、思考も妄想もスケールが小さくなっている。そのスケールが大きければ気がつきやすいけれど、かえって見立てのときに見逃しやすくなっている。ここまで説明してくださった思考と妄想の特徴を頭に入れておくと、実際の見立てのときに「あれ？」と引っかかれる可能性は高くなりますね。

内海　私が精神科医として働きはじめた時代は、うつ病の症状を把握するのに苦労はなかったのですが、今はかなり丁寧に聴き取っていかなければ捉えられなくなっています。

津川　精神科医とチームを組んでいない職場にいる心理士の場合、特に気をつける必要がありますね。捉えがたいとはいえ、内因性うつ病に関しては、医療にリファー（紹介）するうえで重要なものになりますから。

5　サイコセラピーの役割

津川　内因性うつ病についてご説明いただきましたので、ここからは内因性・心因性も含めた「うつ」のサイコセラピーに話題を移したいと思います。伝統的には支持的心理療法が優先されてきましたが、まずそのあたりから教えていただけますでしょうか。

内海　笠原嘉先生による有名な「小精神療法」というものがあります。七カ条の簡潔で実践的な原則です。なにより、精神療法の前に「小」が付いているのが特徴です[3]（表❶）。その由来は知りません。心理療法の世界では使われているのでしょうか？

津川　小精神療法のほかに「小」が付く療法は、私が不勉強なだけなのかもしれませんが、知らないです。

内海　この「小」が付いているところが味噌です。笠原先生はジェントルマンですが、時々こういうふうに、さらりと皮肉の一刺しをさしはさまれることがあります。「小」という一語は、インテンシヴな（集中的な）精神療法は有害であり、あまり患者の心に踏み込みすぎるものではないという、静かな怒りを込めた言葉だろうと思います。

津川　「小精神療法」というのは大変な重みをもったタイトルなんですね……

内海　プロとして地味に徹してやりなさい、ということだろうと思います。うつ病は一定の回復可能性が担保されている病気だから、まずやるべきことは、できるだけ有害な事象が起きないようにして、回復過程を導くことです。その際、基本的なサポートが重要になります。身体の病気のように、どこが具合悪いか見当もつかず、周囲にもわかってもらいにくいなかで、生きる

表❶　うつ病急性期治療の七原則[(4)]

(a)	病気であったことを医師が確認すること。
(b)	できるだけ速く、かつできるかぎりの休息生活に入らせること。
(c)	予想できる治癒の時点をはっきりと述べること。
(d)	少なくとも治療中、自殺を絶対にしないことを誓約させること。
(e)	治療終了まで人生にかかわる大問題についてはその決定をすべて延期させること。
(f)	治療中病状に一進一退のあることをくりかえし指摘すること。
(g)	服薬の重要性ならびに服薬によって生じうる自律神経性の随伴症状をあらかじめ指摘しておく。

機能が低下している状態は、とても不安で、寄る辺のないものです。

津川　本当にそうですね。初めてうつ病に罹患すると、風邪と違って治るプロセスがわからないから、「自分は登山で言えば何合目ですか？」と聞かれることも少なくないです。先の見えない状況のなかで、うつを耐え忍ばれていることがよく伝わってきます。

内海　そうしたなかで、症状をしっかりと把握できれば、彼らが深刻な状態であることがわかります。そうすれば、取ってつけたようなサポートではなく、自然な対応ができるようになります。サポートと言っても、単に支持だけでなく、明確な指示も含まれます。たとえば「休むべきである」とか「退職するかどうかの判断は、よくなるまで延期しなさい」など。

津川　丁寧に症状を聞いて押さえておくということは、第一回（第一章）で話題にした共感の大切さと同じことですね。クライエントの大変な状況が伝わってくるから、援助者も自然とサポーティヴかつプロテクティヴになれる。

内海　内因性うつ病の場合、精神療法に対して抵抗性があることは押さえておかなければなりません。私も若い頃、嫌というほど思い知らされました。

津川　それはCBTが登場する以前のサイコセラピーの考え方でしょうか？

内海　CBTがサイコセラピーであることを前提にしたうえで言うのですが、古典的な精神療法からみれば、CBTはむしろトレーニングに近い。サイコセラピーとしての効果は、いわば副産物くらいに考えておいた方が健全だろうと思います。

津川　内省する方法が主流だった時代からみれば、ということですね……。

内海　ええ、私くらいの世代の場合は、精神療法というと、まずは精神分析のことでした。その精神分析によれば、うつ病は自己愛的であり、転移が起きない病態です。つまり精神療法抵抗性のコアには、ナルシシズムがあるということです。[5]フロイトは統合失調症よりもメランコリーの方が、より自己愛的であると述べています。

インテンシヴな精神療法は、単に効果がないというだけでなく、稀ならず「依存」や「しがみつき」を引き起こして、遷延化することがあります。

津川　それは内因性うつ病に限ったことでしょうか？

内海　必ずしも限らないですね。

津川　内因性に限らず、「依存」や「しがみつき」というものが出現するということですね。

内海　アリエティが提唱した概念で、“clinging depression” や “demanding depression” と呼ばれるものです。[6]

攻撃性の問題もあります。うつ病の患者は攻撃性を抑える傾向があるのですが、ひとたび攻撃性が生じた場合は収拾が難しくなります。場合によっては矛先が反転して自傷リスクが高まったりもします。依存と攻撃性という一見相反するものが潜在しているのです。

津川　広い意味でのうつ病系のクライエントに、矛盾するものが潜在していると仮置きしておくと、サイコセラピーのときに有用ですね。

内海　依存や攻撃性は、特に慢性化・遷延化した場合に出現しやすい。

津川　何年も薬物療法を受けていて、妙に退行したような状態になってしまい、心理士に紹介されてくる方のなかで、そういった状態の方がいらっしゃいますね。

内海　あるいは心気的になって、そこから梃子《てこ》でも動かないという人もいます。

津川　心理士の場合、薬物療法ですっきりよくならなかった方が紹介されてくることが多いですから、これらは大切な留意事項ですね。

6　回復と成熟――地道な大事業

内海　私は産業医の業務にも長年携わっていますが、その場合はもちろん薬物療法は行いません。そうしたなかで、うつ病で休職中の人たちなどに対してサポートしていると、それがいかに大変なプロセスかがよくわかります。ただ、本人にとっては大事業なのですが、なかなか周囲には理解してもらえない。

津川　うつになって、このままの生き方ではうまくいかないことがわかって、苦しみに耐えてリカバリーしていくことは本当に大事業です。ところが一般には、具合が悪くなって、単に治っただけだと思われてしまうわけですね。

内海　まさにそういうことです。

津川　健闘も讃えられないし、耐え忍んできた力も評価されない。しかし、実際には間違いなく大事業ですよね。

内海　それに関連して一言付け加えておくと、復職してからしばらくのあいだは、飲み会はNGです。

津川　「快気祝いに行こう!」とかになりやすいですよね。

内海　周りはよかれと思って誘ってくれるのでことわりにくい。ところがまだ飲み会のテンションにはとてもついていけない。ついていけたら、むしろ躁転を心配します。たいていは無理をしたり、仲間の元気さに圧倒されてしまう。調子を崩して、翌日から寝込んでしまうこともある。それまでの地道な回復過程が台無しになってしまいます。

復帰後もまだまだ回復のプロセスが続きます。時には薄氷を踏むような思いをしていることもあります。このように大変なものなのですが、その見返りはすぐにはありません。しかし、回復して何年もたってから挨拶に来られたりする人のなかには、一皮剝けるというか、貫禄を身につけられたような方もみかけます。

津川　そうですね。実際、単に良くなって職場に復帰しただけではなく、ライフサイクルのなかで一種の成熟を遂げる方々もおられます。逆に言えば、それくらい大変なプロセスでもあるということですね……

内海　かつて先輩から、「うつ」を通じて患者は成長するという話を聞かされたことがあります。しかしそのときには、「それは治療者の気楽な見方だろう」と思ったものです。今でも短いスパンではそう思います。

しかし長い経過のなかでは、苦しみを耐え抜いた経験が、人格の厚みや人への思いやりとなって実を結ぶことがあります。見返りは遅れてやってくる可能性があることは知っておくとよいと思います。

津川　私はつい成熟という言葉を使ってしまいますが、それはちょっとおこがましいのかもしれないですね……

内海　いえ、成熟の方が適切ですね。成長という言葉はちょっとどうかなと思います……

津川　成長（growth）は、心理学では身長が伸びたといった量的な変化という意味で使われます。ここで話題にしているのは、量的なものだけでなく質的なものも含まれますので、内面的なものも含めてライフサイクルのなかで質的・量的に伸びていくことを、私は「成熟」と呼んでいます。いずれにしても、うつからの回復はそれほどの大事業であるという見方を、心理士だけでなく、多くの対人援助職がもっておく必要がありますね。

◉注

1――厚生労働省（二〇二二）
2――神庭（二〇〇九）
3――笠原（一九七八、二〇〇九）
4――笠原（一九七八）
5――詳しくは内海（二〇二〇）を参照。
6――Arietti & Bemporad（1978）

◉文献

Arietti, S. & Bemporad, J.（1978）Severe and Mild Depression : A Psychotherapeutic Approach. London, Tavistock Publications.
神庭重信（二〇〇九）「うつ病の文化・生物学的構成」、神庭重信・黒木俊秀＝編『うつ病の臨床――その多様な病態と自在な対処法』、創元社

笠原嘉（一九七八）「うつ病（病相期）の小精神療法」、『季刊精神療法』、四、一一八－一二四頁
笠原嘉（二〇〇九）「クリニックでの小精神療法再考」、『うつ病臨床のエッセンス――笠原嘉臨床論集』、みすず書房
厚生労働省（二〇二二）「第一三回 地域で安心して暮らせる精神保健医療福祉体制の実現に向けた検討会、参考資料一（令和四年六月九日）」（https://www.mhlw.go.jp/content/12200000/000940708.pdf［二〇二三年一二月六日閲覧］）
内海健（二〇二〇）『気分障害のハード・コア――「うつ」と「マニー」のゆくえ』、金剛出版

◉参考文献

笠原嘉（二〇〇七）『精神科における予診・初診・初期治療』、星和書店
内海健（二〇〇八）『うつ病の心理――失われた悲しみの場に』、誠信書房

第六章　気分障害2
ひるまず、したたかに

1　回復の時間

内海　後半では、双極性障害について触れようと思いますが、その前にもう一度、笠原先生の小精神療法に戻ってみましょう。その背景には、ピエール・ジャネ（Pierre Janet）の心的エネルギー水準論があります[1]。簡単に言えば、心のエネルギーが下がってくると、それまでコントロールされていたさまざまな葛藤や未熟さが出てくるということです。

津川　よく「水位」でたとえられている概念ですよね（図❶）。

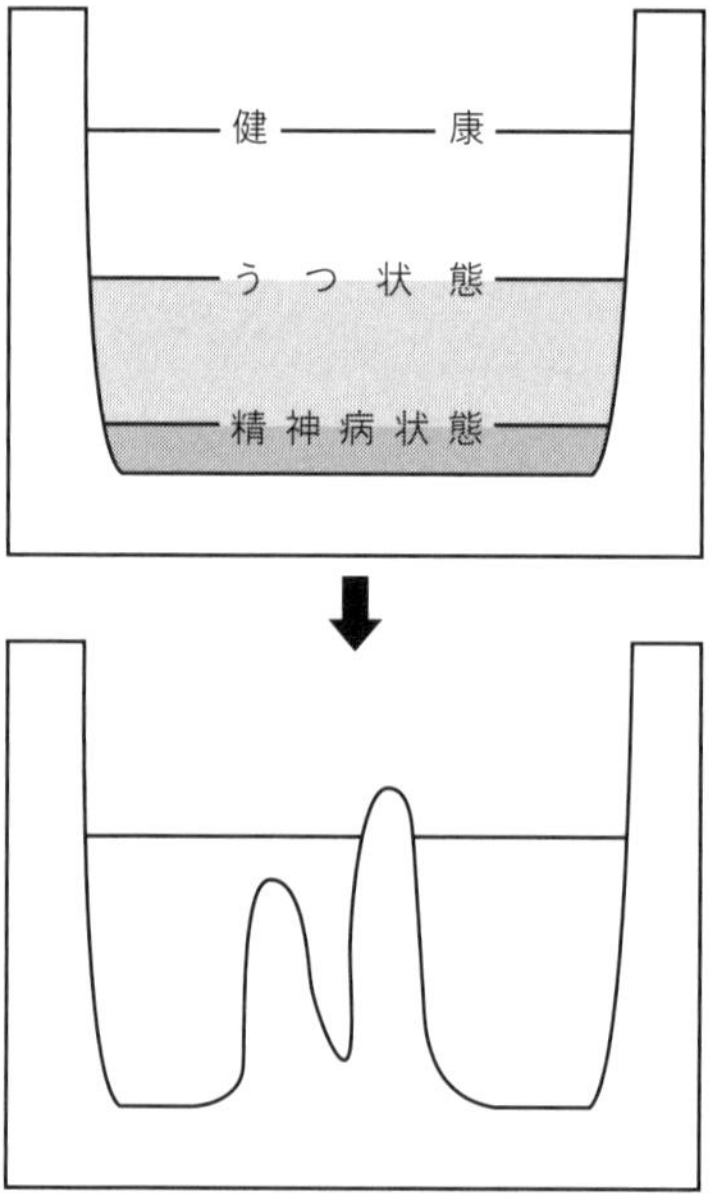

図❶　ダムの水位という考え方[(2)]

内海　そうです。エネルギーの水位が下がってくると、健康なときには覆われていたものが出てくる。ところがそれを病気の原因だと間違って治療対象にすると、解決するどころか問題はこじれてしまう。

津川　エネルギーの水位さえ上がれば元通りになるということですね。逆に、水位のことをわかっておけば、露呈したものに不用意に触れることも避けられる。

内海　はい、その通りです。そして、小精神療法の七カ条（第五章参照）のなかの、「経過には一進一退がある」という項目を確認しておきましょう。これは私も自戒するところで、少しよくなると油断してしまいがちです。必ず揺り戻しがあると思っておいた方がよい。

津川　一直線に治っていくのではなく、ジグザグしながら治っていくということを忘れないように、ということですね。

内海　揺り戻しがあると、本人は、やっぱりよくなっていないのか、あるいは、もっと状態が落ちるのではないかと不安になるものです。援助する側は、経過に一進一退があることを、念頭においてもらいたいですね。

津川　実際にそうですよね、一直線に治るわけではないですから。

内海　回復が急激なときには、むしろ躁転を疑った方がいいかもしれない。

津川　私がよく説明に使うのは風邪のたとえです。「急に熱が下がって、せきもなくなって、のどの痛みもなくなるといったように、一度に全部が治まるなんてことはなくて、ちょっとせきが治まったと思うとまたゴホッとせきが出たり、かなりよくなったと思ったらのどがまた痛くなったり、本当に治るときはジグザグしながら治りますよね」――といったように説明しています。

内海　そうだと思います。最近は、すぐに風邪薬を使うので、微妙な経過がわかりにくくなっています。いわゆる分離熱が出て、大汗をかいて快癒することは、あまりみられなくなりましたね。

津川　たしかに今はすぐに薬を飲んでしまいますね……ただ本来は風邪だって一進一退を繰り返してよくなっていく。うつ病にも同じことが言えるということですね。

内海　いきなり回復までに何カ月もかかると明言しないまでも、ある程度の時間の目安を伝えておくといいでしょう。こちらにとってはあたりまえのことなので、伝えていないことが意外にあります。回復に時間がかかることは、本人にとってはショックですが、他方では、回復可能であることを言外に伝えていることになります。

津川　普段、精神科医と一緒に仕事をしていない心理士に、このメッセージがうまく伝わることを願っています。心理士の大半は大学院時代に精神医学の授業を受けて、精神科実習にも行っていると思いますが、たとえば就職先が医療以外の領域だったりすると、発達障害には詳しくても統合失調症がわからない、同じうつでも軽症のうつにしか出会っていない、という臨床経験は珍しくないと思います。そういった心理士たちにこのメッセージが届くことで、見落としが少なくなって、適切な心理支援が受けられることが一番重要ですから。

内海　軽症化したとはいえ、うつ病の治療はそもそも時間がかかります。むしろかつてより長くなっている印象があります。

津川　実際には、ご本人やご家族もうつになった原因らしきものを考えてこられます。たとえば上司が原因だと語ると、援助者もその水準だけで対処しようとしてしまったりします。内海先生がおっしゃる通り、今まさに表に現れた症状は、水位が下がった結果として露呈したのかもしれないのに、そこに注力してしまうことで遷延を助長しかねない。こういったことが少しでも多くの心理士に伝わることを願っています。

2　サイコセラピーの留意点

津川　ところで、小精神療法も踏まえた、「うつ」のサイコセラピーの留意点というと、どのようなものになるでしょうか。

内海　まずは「激励禁忌」についてふれておきます。「励ましてはいけない」と決まり文句のように言われてきましたが、そこにあるバックグラウンドを押さえておいてください。なぜいけないと言われているかというと、うつがアクティヴなときは、励まされても応答するエネルギーがないからです。がんばろうにもがんばれない。そして激励に応えられない自分を不甲斐ないと責め、追い詰められてしまうことになるからです。

津川　励ましてはいけない理由をきちんと理解しておくということですね。

内海　そうですね。それを押さえたうえで、場合によっては経過のなかで、励ますわけではないにせよ、踏ん張ってもらわなくてはならない局面も出てきます。状態が揺れたときや復職が近づいてきたときには、サポーティヴに勇気づけることも必要です。こちらも通院間隔を短くして、観察密度を高めるとか。

津川　援助者が一緒になって踏ん張る、といった感じですね。

内海　第二の留意点は、「うつ」の治療は単調になりがちで、「よくなったか／悪くなったか」一辺倒になりがちです。しかしまず優先すべきは、「本人が楽になったかどうか」ということです。抗うつ薬は気分を上げて意欲を出す薬というイメージがありますが、薬効においても優先されるべきなのは、安心すること、ちょっと楽になることです。結果として次第にエネルギーが回復して、だんだん動けるようになる。不安をかかえていたり、焦っている状態でエネルギーが出てくるのは、かえって経過を損ねます。

津川　「本人が楽になったかどうか」という視点で支援を続けていくわけですね。

内海　第三の留意点は、というか最も優先すべきことですが、「希死念慮」です。軽症化したとはいえ、うつ病には自殺というリスクがあります。必ずしも少なくなったわけではない。しかもその精神病理と直結しています。

私が駆け出しの頃のことですが、ある病院で当直に入ったとき、院長が遅くまで医局に残っていました。「お帰りにならないのですか？」と聞いたところ、「今日はdepressionの患者が入院したので、消灯までいます。もし寝なかったら、注射をして、確実に眠らせてから帰ります」と言われました。うつと自殺はそれくらい直結したものだということを教わりました。今、こういった危機意識はやや希薄になっているかもしれませんね。

津川　「うつ」が軽症化しているとはいえ、自殺のリスクには注意しなくてはならない。

内海　そうですね。ちなみに、心理士のみなさんは希死念慮については、どのように取り扱っておられるのでしょうか？

津川　うつ状態であれば初回で必ず希死念慮のことを聞きますし、それも積極的に今すぐ死にたいという訴えではなく、「もう消えてしまってもいい」といった厭世的な気分まで含めて聞いていると思います。

内海　では、みなさん希死念慮のことは聞いておられる？

津川　全員が必ずそうしているとまでは確約できませんが、少なくとも私は必ず聞いています。命を救うのが最優先ですから。

内海　仮に希死念慮がある場合、あるいはありそうな場合、どう対処されるのでしょうか？

津川　実際にロープを用意しているといった具体的な行動を含めて、自殺のために何をどこまで準備しているのかを確認します。その結果、自殺の可能性が高いと判断した場合には、そのままでは帰せませんから、すぐ医療につなぐようにしています。

内海　それをうかがって安心しました。
津川　そのほかにも、うつ病圏を含めてサイコセラピーを実施するうえでの留意点があればお願いします。
内海　第四に、「回復期は揺れやすい」ということですね。私がよく引用するのは、薬物療法が導入されてない時期に示されたクレイネス（Samuel Henry Kraines）によるうつ病の経過図です（図❷）。病初期（病気の初期段階）と回復期に揺れやすいことがはっきりと描かれています。
この揺れには上下、両方向あります。これはその中にいる患者にとって恐ろしいことです。昔から、「うつ」はよくなりかけたときに自殺リスクが高まると言われていました。その理由については——今から考えると乱暴な表現ですが——「自殺する元気が出てくるから」などと教わりました。
津川　私もそう教わりました。
内海　当時はベッドから起き上がれないくらい重症の患者もいましたから、少しは動けるような状態になったけれど、まだ抑う

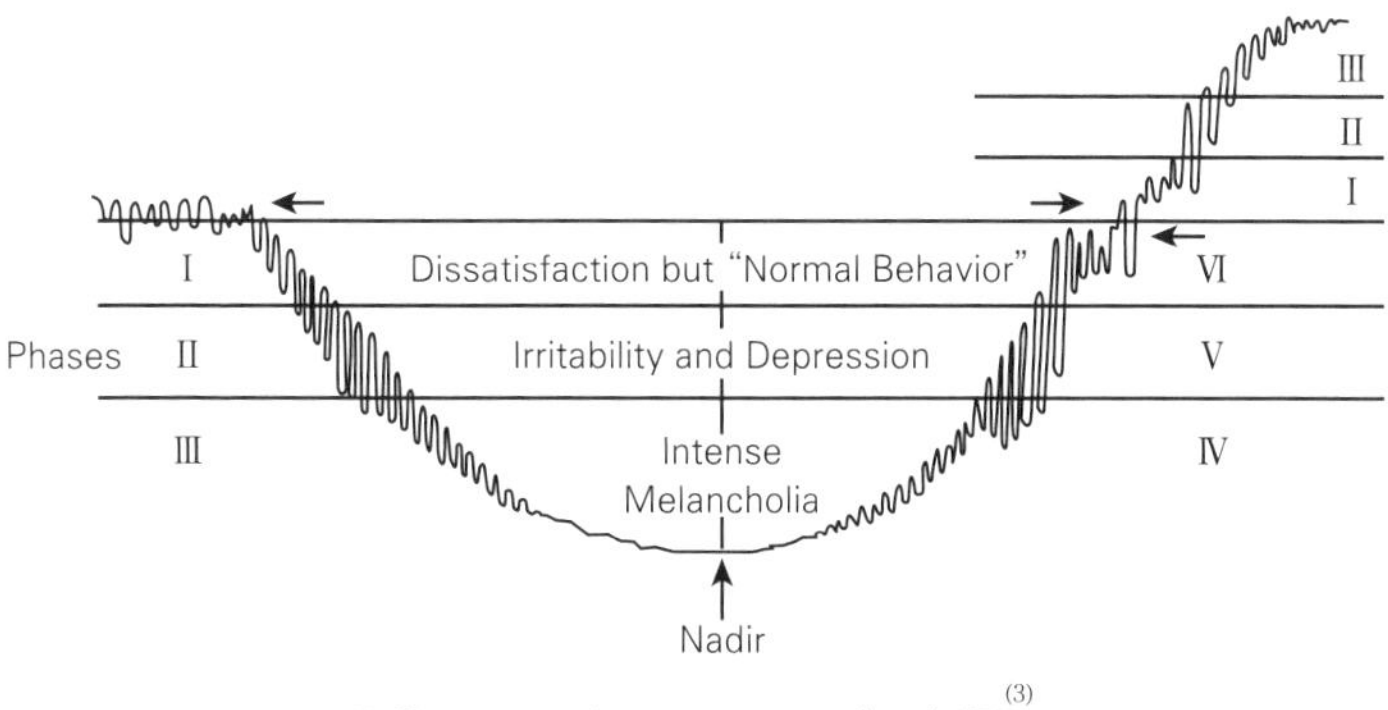

図❷　クレイネスによるうつ病の経過図[3]

つ気分に浸されているなかで、そういう悲劇的なことが起こりやすかったのだろうと思います。

回復期は不安定な時期です。たとえば、ずっと療養とリハビリで精一杯だったけれど、先行きが見えてきた途端に不安になる。時として絶望的にもなります。あるいは病気をしたことの損失に気づいたり、苦しかった頃のことがよみがえったり。本来、「うつ」は自生的であるのが特徴と言いましたが（第五章）、この時期は気分反応性がむしろ高くなります。ちょっとした一言で落ち込んだり、いったん焦燥が治まっていたのに焦ったり気負ったりなど。特にあせりには要注意です。

津川　現実が見えてくるなかで、傷つきやすくもなる。

内海　そうです。軽症うつ病の場合は、ボトムまでいかず、絶えず反応性が高いということもありえます。

3　双極性を見分ける

津川　ここまではおもに「うつ」についてご説明いただきましたので、ここからは、躁うつ（双極性障害）について教えていただきたいと思います。双極性障害の可能性を疑う重要性に関して心理士はもちろん習いますが、すでに双極性障害の診断がついている方は別として、そうでない方の場合、どのようにアセスメントをしたらいいのでしょうか。具体的には、「一時期、活動的な時期がありましたか?」と聞いて、「はい／いいえ」の回答を求めることに終始するのではなく、実際にどのようなポイントをアセスメントしていけば双極性（bipolarity）を見逃さないのか、精神病理学の視点から教えていただきたいです。

内海　これも歴史的な経緯をまず確認しておきましょう。もともとクレペリンが「躁うつ病」という疾患概念をつくった際、うつ病はその下位分類として組み込まれていました。つまり、「うつ」は「躁うつ病」の亜型だったのです。ところが、一九五〇年代からmonopolar（単極）とbipolar（双極）は異種のものであるとされ、単極性うつ病と双極性障害（躁うつ病）に分けられます。そして臨床的には単極性がメジャーになり、本来「うつ」には、潜在的にせよ、躁的成分が含まれていることがみえにくくなってしまいました。

津川　「うつは単極性」というイメージは、今はかなり強いですね。

内海　しかしよくみると、制止に焦燥が併存していたり、ネガティヴな考えが妄想的な頑固さをもっていたり、純粋な単極性はむしろ少ないと言ってよいかもしれません。混合状態という、「うつ」と「躁」が混じり合う状態があります。それは両者が「中和」されないことを、雄弁に物語っています。先ほどのクレイネスの図にも、回復期には軽躁への振れがあることが期せずして描かれています。

その後、一九七〇年代に、北米で双極Ⅱ型障害（うつ病相と軽躁病相をもつタイプ）が提唱され、単極性と双極性はスペクトラムをなしていることが、あらためて示されました。しかしその考えが一般診療に浸透するまでに、かなり時間がかかったと思います。

津川　単極性うつ病のようにみえても双極性を疑うのが基本ということですね。

内海　つねに念頭においておくといいでしょう。特に、抗うつ薬への反応がよくない、経過が長引く、あるいは再発を繰り返すといった事例は、要注意です。また「うつ」のはずなのに、それらしくない症状があったり、行動化がみられたりしたときには、ちょっと立ち止まって検討してみてください。

まずは、過去の軽躁エピソードを確認してみるとよいでしょう。ただし聞き取りは容易ではありません。軽躁は、本人にとって、必ずしもネガティヴなエピソードとして認識されていないからです。

津川　うつはとても苦しいけれど、軽躁は逆に良い状態と認識されている場合が多いですね。

内海　そうですね。むしろ自分はかくありたいというイメージかもしれません。

津川　ある意味では、軽躁のままでいたいとすら思ってしまうのかもしれない。

内海　仮に一生を通して軽躁状態で過ごせるとしたら、周りは迷惑でしょうが、本人は幸せかもしれません。

津川　でも、現実にはいつかエネルギーが落ちてしまう。しかし、ご本人が軽躁状態とは捉えていないので、援助者の見立てはさらに難しくなりますね。

内海　それに、自分が軽躁状態だと指摘されるのは、正直なところあまり気分がよくないですよね。たとえば、自分がちょっと調子に乗ってはしゃいでいるときに、水を差されると恥ずかしい思いをする……それに似ているところがあります。

津川　調子に乗っていると指摘されるようで、嫌なものということですね。

内海　ええ、軽躁は否認されやすい。ちなみに、この否認（denial）は、双極性障害の重要な心理機制です。そのライン上にメラニー・クライン（Melanie Klein）の躁的防衛（manic defense）もあります。自分の弱さ、寄る辺なさ、落ち込むかもしれない不安、あるいは落ち込み自体が否認されます。だから、まずは患者が否認しにくい所見を聴いていくとよいでしょう。たとえば、睡眠時間が極めて短くなった時期があったかなど。

津川　三時間睡眠で乗り切っていたエピソードなどでしょうか。

内海　そうです。「睡眠欲求の低下」と呼ばれる現象です。「眠れない」ではなく「眠りたくない」「眠るのがもったいない」ということです。

津川　眠りたくない、とにかく早く作業がしたいというような感じでしょうか。

内海　はい。平たく生理的な事実を聴取したり、あるいは「仕事が普段よりよくできた時期はありませんか」などとポジティヴなニュアンスを込めると、抵抗は少ない。

津川　気持ちを聴くというより行動を聴くようなイメージですね。そうすれば軽躁状態の見過ごしは少なくなる。

内海　濫費《らんぴ》も指標になります。まずは端的に支出金額が増えた事実があるかどうかの確認、そこから普段より大きな買い物をしたエピソードを聞き、さらに「気前がよくなる」「何でもできるような気持ちになっていた」といったところに進めていく。

津川　いきなり気持ちから入るのではなく、睡眠のように身体的な要素から入って、次に気持ちの方に進んでいくということですね。

内海　それから若い頃、たとえば高校生や大学生くらいから「波」があったかどうかも参考になります。自生的な「波」があれば、かなり有力な所見になります。

津川　自生的であるかどうかは本人も援助者もあまり意識しないところかもしれません。自生的というのは、ある意味でオートマティックということですよね。本人も周りも何か良いことがあって気分が上向いていると意味づけているかもしれないけれど、実際はそうではない。ここでも重要なのは視点を換えてみることですね。良いエピソードとして報告されたときでも、そこには「波」が発生していたのではないかと視点を換えてみると見逃しが少なくなる。

内海　ただ、双極II型障害の場合は、むしろ気分反応性が高いこともあります。つまりイベントに反応して、急激にテンションが高くなったり、落ち込んだりしやすい。このあたりは多少、上級者向きかもしれませんが……

津川　そうですね。ですがここでも、私たち援助者が視点を換えて、自生的かどうかを考えながらアセスメントする発想がなければ、双極II型障害のことも視野に入らなくなりますから、やはりアセスメントの基本姿勢は共通しているように感じます。

内海　付け加えると、抑制が強いケースは、うつ状態であっても双極性の可能性が高いと言われています。また過眠過食といった逆説的な生理的症状も双極性を疑うポイントのひとつになります。

津川　それはいわゆる非定型うつ病と言われる領域でしょうか。

内海　それも含まれます。そのほか、不機嫌やイライラが強い事例、頭のなかで考えが駆け巡る“racing thought”という症状がある事例なども、双極性を念頭においておくとよいでしょう。

津川　観念奔逸《かんねんほんいつ》と言われる症状のミニ版ですね。

内海　はい。観念奔逸までいくと、軽躁をつきぬけて、躁の症状になります。

4　心理教育と告知

津川　双極性が疑われるとしたら、医療で治療、特に薬物療法を受けていく可能性が高くなりますよね。そのなかで心理士に求められることは心理教育が中心になるのではないかと思います。もちろん精神科医の先生もされていますが、心理士による心理教育ではクライエントに自分の全体像をわかってもらうことが求められます。うつ状態が好ましくないことはクライエントも援助者も理解し合えるし、うつ状態を繰り返さないようにする目標にも合意できるけれど、否認が強い軽躁は心理教育もそう簡単ではありません。

内海　躁的防衛では「支配」「征服」「軽蔑」が前面に出ます。治療場面では、弱さを否認したり、相手を飲んでかかったりする現象として現れるので、特有の難しさがあります。注意したいのは、否認はこちら（治療者側）にも起きるということです。

軽躁成分をもつ人を前にすると、気圧《けお》される感覚がこちらに起きるのですが、それを否認しようとします。あまり怒らせないようにしようと調子を合わせたりすることもあれば、その場で面倒なことが起きないように、あっさり事務的に対応することもあるでしょう。そのとき、自分が「気圧されている」ことに気づくことが大切です。そのうえで専門職《プロ》として援助をするという本来の役割を思い起こす。

性格防衛として固まっていれば難しいこともありますが、基本的に気分障害の患者には同調性があり、どこかでこちらに合わせてくれることが多いと思います。ただし、躁が病的に出ている場合は、早めに医学的管理にゆだねた方がよいでしょう。

津川　相手が不機嫌だったりイライラしていて、上から目線の言動になって、さらには援助者側の臨床経験が浅かったりすると気圧されて、そのつもりはないのに腰が引けたり、過度にビジネスライクになったりもします。まず、そういう自分自身に気づくこと、自分が自分を否認しないことが基点になります。そのうえで対応すればうまくいく。このように援助者が自分で自分の状態に気づいて、それでもやはり伝えるべきことは伝え、説明すべきことは説明していけば、うつの再発予防という目標に合意しながら一緒に歩んでいけます。躁的要素があるとあとでうつが再発してしまうから、何としても防がなくてはいけないですからね。

内海　躁的要素は医師の方も見落とすことがしばしばあるので、心理士からサジェスチョンがあるとありがたいのですが、実際にはなかなか伝えにくいでしょうか……特に困るのは、本人が躁的気分変調で経過を損ねているのに、抗うつ薬が処方されつづけているようなケースです。

津川　そのためにも、普段から医師との関係を保っておく必要があります。プロ同士として一定の信頼ある関係が築かれていれば、意見交換ができますから。まったく別の機関に勤めている場合であっても、たとえばご家族を経由してクライエントに私（心理士）のコメントを伝えていただく場合などもあって、手段はそのたびごとに模索し工夫しつつ……といったところです。

内海　他方で、昨今は過剰診断も問題になっています。いきなり双極性障害と診断され、「一生涯、薬を飲みつづける必要がある」などと言われることもあるらしい。

津川　病気が一生治らないと宣告され、本人も家族もショックを受けて、ずっと引きずっている様子も目にします。特に、親が精神疾患を抱えている子どもたちですね。もちろん医療者側はよかれと思って伝えたのだと思いますが、その問題を家族が引きずってしまうこともある。精神科医の立場からはどう考えておられますか？

内海　一生治らないということを、前方視的《プロスペクティヴ》に実証しようとすると、それだけで研究者の人生が終わってしまいます（笑）。それはともかく、気分障害が再発リスクのある疾患であるのはたしかであり、予防した方が本人にとってベネフィットもあると思いますが、いきなり「一生薬を飲む必要がある」と告知するのは論外です。

津川　再発性にウェイトをおいて話し合えばいいわけで、断定的に「一生治らない」といった表現を用いずに特徴を伝える工夫ですね。

内海　昔、同期の外科医から「癌は告知した方が治りやすい」と言われたことがありますす。まだ告知が今のように一般的ではなかったときのことでした。実は、この話にはオチがあって、「告知できるだけの関係性があるから」ということです。精神科医も見習うべきですね。関係性もまだないうちから「一生薬を飲む必要がある」などと言うべきではありません。治療経過のなかで、そろそろ維持療法のフェーズに移行したあたりで、今後の予防について少しずつ話題にできるのだろうと思います。

津川　まずはリカバリーが優先で、ある程度回復して再発予防の話になった頃に、服薬の量や期間といったことが徐々に話題になる。

内海　あたりまえのことですが、具合が悪くて来られるわけだから、まずは少しでも希望をもってもらうことが大切です。それを、まだ回復も覚束ないタイミングで、「あなたは一生薬を飲む必要がある」などと言われたら目も当てられません。

津川　服薬がいかに大事なのかを伝えるために、おそらくよかれと思って「一生」と伝えている場合もあるのではないかと思うこともあります。ただ、そのインパクトが強すぎる場合もあって……内海先生の方法は、経過に沿ってまず体調を回復させた後、再発予防の時点で、高い再発可能性を伝えるということですね。そのためには心理士も、精神科医と連携して再発予防に関する実践をより精緻にしていく必要がありますね。

5　再発予防とセルフケア

津川　うつも躁うつも、クライエントは二度と同じ目に遭いたくないから、再発予防に関して質問を受けることはよくあります。特に、服薬が終わって心理カウンセリングだけを受けているクライエントの場合、再発予防に関してのお考えをお聞かせください。

内海　ご存知のように、予防には一次、二次、三次の三種類があります。一次予防はそもそも発症しないように予防すること、そして二次予防は早期発見・早期治療で、ストレスチェックなどもそれに入ります。ただ、気分障害の一次予防や二次予防は容易ではありません。臨床場面でおもに問題となるのは、三次予防です。三次予防というと、まずはリハビリテーションがあげられますが、それ以前に、疾病の続発症を予防することも含まれます。

たとえば脳梗塞が起こった場合、しばしば痙性麻痺が起こりますが、その結果として関節が拘縮《こうしゅく》してしまう。この拘縮は、脳梗塞の直接の症状ではなく、麻痺で動かさないために起きるもの、いわゆる続発症です。それゆえ拘縮に対しては一定の予防が可能です。しかも拘縮のあるなしは、その後のＡＤＬに大きな影響を与えます。

原発症と続発症は必ずしも厳密に分けることができるとは限りませんが、精神科の病にもこの図式は当てはまります。孤独で寄る辺がなく、自分を過度に追い詰めたり、アルコールに依存したり、よくなりはじめたところで焦ってぶり返したりなど。あるいは、大切な家族や友人との関係が損なわれたり、経済的に困窮することなども含まれます。病気そのものよりもダメージが大きいかもしれない。うつ症状自体は、回復可能性が高いのですが、そこから続発的に起こるネガティヴな事象が、経過を損ねることになります。それらに対して手当てしていくのが三次予防で、とても大切なことです。

津川　うつはよくなったけれど、たとえば、その後アルコール乱用気味になっていたら、それらもしっかり手当てしていく。

内海　続発症があると、回復に難儀します。しかし、焦って無理をされる場合はとても多い。

津川　焦燥感はとても強くありますよね。

内海　原発症としての焦燥だけではなく、回復期に現れるあせりも要注意です。

津川　少しよくなると、すぐに前の生活に戻ろうとする。自分も周りもちょっとずつ負荷をかけてしまいたくなるけれど、この時期こそ三次予防が大事になる。

内海　ついでに申し上げておくと、抗うつ薬の副作用のなかで、activationというものがあります。これは攻撃性や強い焦燥として現れるのですが、診察している医師には意外にわからないことが多い。放置すると、経過を損ねます。

リハビリテーションとしての三次予防については、復職準備のことが参考になると思います。それほど複雑なことではありません。患者に準備してもらうことは大きく二点です。ひとつは、生活リズムを整えること。朝は定時に起床して、昼寝は原則しないことです。もうひとつは、体力をつけること。一日八〇〇〇歩くらいのウォーキングでも十分です。もちろんそれに相当するような別の運動でも構いません。頭のなかで「もう大丈夫」と思っていても、身体に負荷をかけてみると、自分の回復具合が実感としてわかります。

どちらも地味なことですが、こうした現実的なことができるかどうかが、社会復帰の成否を左右します。

津川　重要なご示唆ですね。クライエントは無理をして一定の時間に寝ようとするけれど、むしろ一定の時間に起きることが大事ですよね。そうすれば、生活リズムが整ってきますから。それをちゃんとお伝えして実践していただく。運動も、実際のところ体力がないと仕事はできませんからね。

内海　そうなのです。経過の波は復職後も起こります。疲れが出るときもあるし、仕事でミスをすることもある。そういったときに体力がないと、すぐに体調を崩してしまう。それが引き金になって、うつを引き寄せてしまうことになる。リズムと体力の二点はとても大切で、寛解してからも続けるといいでしょうね。

津川　「生活を整えてください」と漠然と言うだけでなく、起きる時間のこと、運動のことなど、具体的なことを話し合う必要がありますね。

内海　私の場合、簡単なダイアリーを付けてもらっています。寝た時間、起きた時間、どういう活動をしたのかを毎日記入してもらいます。二週間から一カ月ほど続けてもらうと、患者さんも自分の生活リズムがわかって、自分をコントロールしやすくなるようです。

津川　今はアプリやスマートウォッチもあって、手段もたくさんあります。地道に三次予防に取り組むことが何よりの再発予防になるということですね。

内海　地味なことを継続するのに、サポートしてくれる人がいるのは心強いことです。そして、ある程度よくなってからも、カウンセリングなどで自分のことを話せる場があると、クライエントは助かると思います。

◉注

1――Janet（1905）
2――笠原（二〇〇七）
3――Kraines（1957）

◉文献

Janet, P.（1905）Les oscillations du niveau mental. La Revue des Idées 22 ; 729-755.
笠原嘉（二〇〇七）『精神科における予診・初診・初期治療』、星和書店
Kraines, S.H.（1957）Mental Depression and Their Treatment. New York, The McMillan Comapany.（大原健士郎・岩井寛＝訳（一九六七）『うつ病の本態と療法』、文光堂）

◉参考文献

内海健（二〇〇八）『うつ病の心理――失われた悲しみの場に』、誠信書房
内海健（二〇一三）『双極Ⅱ型障害という病――改訂版うつ病新時代』、勉誠出版
内海健（二〇二〇）『気分障害のハード・コア――「うつ」と「マニー」のゆくえ』、金剛出版

第七章　統合失調症1
畏怖する心をもって

1　common diseaseとしての統合失調症

津川　臨床心理学を学んだ心理士が医療分野で働く場合、精神科病院だけでなく、現在はいろいろな診療科に勤めます。また、少なくとも都内では精神科クリニックの増加があり、心理士は外来ベースでクライエントと会っていることが多いのではないかと推測します。加えて、以前であれば、すでに確定診断がついていて、薬物療法も受けていて、生活や日常を支える精神科リハビリテーションの一環のなかで心理支援を担当する者として統合失調症の方とお会いする場面が多かったと思います。ところが現在は軽症化も影響して、クライエントと出会う場面そのものが増えてきています。特に、保健医療や福祉分野以外でも増えているように感じています。

私自身、精神科病院の入院病棟で働いていた当時と比べると、比較的若くして統合失調症の診断がついていても、薬物療法を受けて、そこからお仕事をするようになり、さらにドラッグフリー（薬物療法が終了すること）になって、ご両親と挨拶に来てくださるクライエントに、私設心理相談場面で出会うことが増えてきました。言葉を選ばなければなりませんが、ああ今はそういうふうになったんだと、感慨深く思います。このような心理士を取り巻く状況も踏まえて、統合失調症論をお聞かせいただきたいと思います。

内海　統合失調症は精神医学にとって最もメジャーな疾患です。〇・七％ほどの人が罹患する、いわゆるcommon diseaseです。かつては重篤で、予後も困難なケースが多く、罹患した人に大きなダメージを与える疾患でした。今でも日本では二〇万人くらいの方が入院生活を余儀なくされています。

私が研修を始めた時代は、統合失調症という病にどう相対するかということが、臨床現場で一番大きな課題であり、それによって精神科医としてのアイデンティティが形成されていったのだと思います。実際、患者を回復に導いていくセンスをもったドクターが尊敬されました。この病は、精神科の臨床において、圧倒的に主役だったのです。

ところが近年、実数が減ったのかどうかはわかりませんが、明らかにこの疾患は軽症化しています。そのなかで今後、心理士のみなさんがこの疾病の援助において活躍する場面は増えていくと思われますが、現在の心理士の世界ではどのように受け止められているのでしょうか?

津川　そうですね。今、若手心理士のなかには、抑うつなど気分障害が主な精神疾患だとイメージしている人が多いかもしれません。とはいえ、精神保健の講義でも統合失調症は避けて通れない疾患で、一種のシンドローム(症候群)であると捉えると症状も多いですから、医療分野以外で働く場合でも事前に学ぶべきことが多くあります。ですからここは中核症状、コアとなる症状を教えていただけると、どの分野で働く心理士にとっても役立つと思います。

2　幻覚・妄想は中核症状ではない

内海　それではまず、統合失調症の歴史を駆け足でたどっておきましょう。

統合失調症という病名はそれほど昔からあったわけではなく、一九一一年にスイスの精神科医オイゲン・ブロイラー（Eugen Bleuler）の著書の出版によって、一挙に確立されました。その少し前に、エミール・クレペリンが「早発性痴呆（Dementia Praecox）」という疾患単位を提唱していました。統合失調症の歴史はせいぜい一〇〇年ほどです。しかしながら二〇世紀前半には、精神病の代名詞のような疾患となっていきます。

統合失調症についてはブロイラーの著作を読むのが一番なのですが、日本語版が手に入りにくい。しかも長い。また、ブロイラーがいささか優柔不断な筆運びをする人で、わかりにくいのが難です。ここでは私なりに解説しておきます。

まず押さえておきたいのは、ブロイラーは、幻覚や妄想を統合失調症の中核の病理とはみなしていなかったということです。DSM程度の理解で満足していると、意外に思うかもしれませんが、ブロイラーに限らず、クレペリン、ルートヴィッヒ・ビンスワンガー（Ludwig Binswanger）、ウジェーヌ・ミンコフスキー（Eugène Minkowski）など、かつての大家は、誰も幻覚や妄想を病理の本体とはしていないのです。目立つもの、わかりやすいものにすぐに飛びつくのではなく、しっかり患者を診ていたのだろうと思います。

では、ブロイラーが何を中心に置いたかというと、「連合弛緩」という現象でした。

俗にブロイラーの「四つのA」と呼ばれる基礎症状があり、「自閉（Autismus）」「両価性（Ambivalenz）」「感情鈍麻（Affektverblödung）」、そして「連合弛緩（Assoziationslöckerung）」がそれにあたります。そのなかで、一番基底にあるものが「連合弛緩」であり、そこからすべての症状が派生するとしました。ちなみにブロイラー自身が「四つのA」と言ったわけではなく、アメリカの看護の教科書が採用したのが最初だと聞いています。

「連合弛緩」というのは、心のベーシックな機能であるassociation（連合、連想）にかかわるものです。おそらく当時のヴント心理学がベースにあるものと思います。連合とは、概念と概念、物と物を結び付けていく基本的な機能であり、これがなければ心の世界はまとまらなくなります。まさにその連合機能が弛緩するということです。

津川　大学で講義をするとき、「弛緩」という言葉の意味がわかりにくいという質問がくることがあって、そのときは「緩む」という表現で私は伝えています。

内海　問題ないと思います。まったく支離滅裂になってしまう場合もありますが、「連合弛緩」では似て非なる言葉が生み出されます。ある概念を言葉のレパートリーに結びつける際の、この結び付け方が一般的な基準からずれていて、風変わりな印象を与えるのです。クレペリンは、「人生は匙《さじ》だ」であるとか、「祓《はら》い清めた話は、どう動かしても割り切れない」といった例をあげています。

ブロイラーは連合弛緩を説明する際に、心的複合（コンプレックス）の概念を使っています。当時同僚だったユングの連想試験に影響を受けたのだと思われますが、思考が感情価の高いコンプレックスに近づくと、その影響で弛緩が生じるとしています。そうかと思えば、連合弛緩のベースには内分泌異常などの器質的なものがあると言ったりもします。このあたりが彼の優柔不断なところです。いずれにしても緩む、あるいは、ずれるのです。実際の症例に遭遇して感じ取るほかないのですが。最近は「支離滅裂」のような事例は稀になりました。あまり経験したことのない方々のために、舞踏家の土方巽《ひじかたたつみ》の文章を挙げておきます。

「当然のことだが、舞台はまず個体の死の検証から始まる、あやとりは同時にそこにある謎のくらがりでおこなわれるだろう。今宵《こよい》、謹製八版にも及ぶタフタのドレスは殆ど、打ちとめられると云う。そこに軟骨のフォルムを包んで見ようと云う。この日本で捕れた唯一の光の剥製の後頭部をすげ、頭に籾《もみ》の死の箸をつけ、足にキッドの靴はいて[2]」

もちろんこれは彼の創作ですが、連合弛緩の雰囲気を味わえるかと思います。

津川　いわゆる「ワードサラダ（word salad）」と呼ばれる症状でしょうか。いずれにしても、幻覚や妄想の方が説明もしやすいですし、経験がなくても想像はつきますが、統合失調症では幻覚や妄想ではなく、「連合弛緩」を含む「四つのA」が中核症状になっているということを理解することが大事になりますね。

3　言語危機

内海　連合弛緩という症状は、統合失調症が一種の「言語危機」に遭遇していることを物語っています。場合によっては「言語解体」に至ることもあります。このように言語そのものが侵食される事態が起こりうることが、他の疾患にはない特徴です。「言語新作（neologism）」、つまり新しい言葉を紡ぎ出すという症状もあります。今でも印象深いのは、ある女性患者が使った「ズシントウ」という言葉です。何か苦しみを表現していることはよくわかるのですが、説明を促しても、やはり「ズシントウ」なのです。頭痛や脳震盪《のうしんとう》、あるいはズシンという響きが混ざり合っているようなのですが、よくわからない。結局は「ズシントウ」なのです。いわく言いがたい苦しみが、マグマのように湧き出て、それが言葉として固まったようなイメージが喚起されます。他の言葉からは孤立して存在しているのです……かれこれ三〇年も昔のクライエントの言葉ですが、今でもよく覚えています。

津川　内海先生の視点からみると、それが統合失調症の中心的なもののひとつを表している。

内海　今ではあまりポピュラーな考え方ではないかもしれません。ただ、統合失調症の「言語危機」は、言語というものが自壊する可能性があることを物語っています。普段、言語はメディウム(3)として、表に出ないように私たちを支えています。それゆえ、私たちは言葉を自由に使い回せる透明な道具と考えており、それによって自分の意思や気持ちを伝えたり、人と会話したりしています。しかし、人間の言語はつねに反乱を起こしうるのです。

津川　かつて精神科病院で働いていたビギナーの頃、たしかに「言語新作」や「ワードサラダ」などがとても重要だと教えられました。

内海　いわゆる「自我障害」は、とりあえずは自我の障害とされますが、言語危機として捉えることもできます。たとえば「自分の考えが人に伝わってしまう」といった思考伝播《でんぱ》という症状があります。普通は、相手に投げかけた言葉は、話し手から切り離されるものですが、その言葉とともに、自分も一緒に漏れ出してしまう。そして、自分の心が他人に見透かされていると思ったり、自分の考えがいつの間にか知れ渡っていると感じたりします。私たちは、自分が考えたり話したりする言語に対して、自分が所有者であると思い込んでいますが、その言葉が他人に所有されてしまうといった経験が、統合失調症では起こりうるのです。

津川　普段、「私は今、内海先生のお話を理解しようと思っている」というように、「私は……」とあえて主語を言わなくても、「理解しようと思っている」とだけ言えばそこに「私」が含まれていると感じ取れるものですが、自我障害ではそのメカニズムが立ち行かなくなるのですね。

内海　自分に帰属しているはずの思考や言語が、他人に乗っ取られる、つまり本来は自分プロパーの領域が他者に占拠されてしまうことになります。ここで言う他者は、日常生活で出会う他人というより見知らぬ他者、どこからともなく自分を監視し、先回りしてくるような他者です。自我障害は、思考伝播のほかにも、考想察知（考えが見透かされる）、思考奪取（考えが抜き取られる）、思考吹入《すいにゅう》（考えを吹き込まれる）、作為体験（思考や行動が操られる）などさまざまな形を取ります。こんなふうに想像を絶する他者が自分の体験に入り込んでくるという症状は、他の疾患にはほとんど例がありません。心理士のみなさんも習うクルト・シュナイダー（Kurt Schneider）の一級症状の多くが、自我障害に該

当します。(4)

津川　ここでおっしゃっている「他者」というのは、特定の具体的な他者というよりも、「社会」や「世間」みたいなものと捉えると正確でしょうか？

内海　世間よりは射程が遠いかもしれません。特定の人ではなく、見知らぬ「組織」、あるいは「神」などと表現されたりもします。

津川　昔はよく「天皇」や「総理大臣」と説明するクライエントもいらっしゃいましたね。

内海　そうでしたね。

津川　そのような他者が自分に働きかけてくる。

内海　こうした他者のあり方を定式化すると、とりあえず「私自身の知らない私の秘密を握っている見知らぬ他者」となるでしょうか。この不気味な雰囲気を感じ取るためには、カフカ（Franz Kafka）の小説などが参考になります。『審判』や『城』を読むと、正体のわからない組織や他者がどこからか自分を監視している、そうした緊迫感が全編を貫いています。

絵画領域では、ムンク（Edvard Munch）の一連の作品があります（図❶）。有名な「叫び」は、そうした雰囲気を背景にして、世界が今まさに崩壊した瞬間を表しているとも解釈できます。ちなみにムンクは、統合失調症の前駆期のような状態にあったとも考えられ、アルコール依存で入院したこともあります。

津川　小説や絵画から実感として学習するのは現実的な方法ですね。心理士の多くは精神科実習を経験していますが、全員が精神科入院病棟で実習を経験しているわけではなく、外来実習だけだったりする場合もありますから。

内海　ここまでの話は精神病理のコアであり、みなさんが遭遇する統合失調症の患者は、はるかに軽症だと思います。また、クライエントは起きた事態に対してすでに何らかの対処をしています。ある意味、われわれが遭遇するのは、回復過程にある人です。それがうまくいっている場合もあれば、かえって事態を損ねていることもあります。ただ、言語と他者の精神病理が根底にあることは、心の片隅に留めておいてほしいと思います。

図❶　ムンク「叫び」

4　統合失調症近年説

津川　ここまで、統合失調症の中核症状、特に「四つのA」や、言語危機と他者の闖《ちん》入《にゅう》について解説していただきました。最初に触れられたように、統合失調症の歴史は一〇〇年ほど、人間の歴史に照らすと若い病ということになります。教科書の受け売りですが、「うつ」や「躁」は遥か昔からあったけれど、統合失調症に当たるものはなかったとも書かれています。するとやはり、人類やその社会の変化と統合失調症という病の登場とは、どこかで関係しているのでしょうか？

内海　私自身は、統合失調症は近代に発生した病だと思っています。アメリカの精神医学者トリー（E. Fuller Torrey）が提唱した「統合失調症近年説」は、一八〇〇年前後に出現したとしています。[5] 実際、フランス革命が終結した頃から、ぽつりぽつりと統合失調症とおぼしき症例報告が見られるようになっています。ヨーロッパの精神医学といっても、一九世紀はまだローカル色が強く、診断分類も多様でしたが、二〇世紀に入る頃から、クレペリンを経由して、ブロイラーの統合失調症へと一挙に収斂《しゅうれん》していきます。

この近年説についてはいろいろな考えがあり、産業革命と都市化がもたらした社会構造の変化、神が人々の保証人であった「旧体制（Ancien Régime）」から神がいなくなった「新体制（Nouveau Régime）」への社会の移行、あるいはウイルス説などもあって、完全に決着をみてはいません。

津川　トリーの説に始まり、社会構造の変化説もあればウイルス説もあって、統合失調症に関してはいろいろな考え方が併存しているわけですね。

内海　もちろん、統合失調症は古代からあったと唱える説もあります。

津川　近代発生説を採らない考え方もあるんですね。ただ、まったく社会の影響を受けない精神疾患というのもちょっと考えづらいですよね。バイオロジカルな要素はもちろん強いと思いますが、一卵性双生児研究でも統合失調症の発症率が一〇〇％一致するわけではないですし……

内海　たしかにそうですね。それでも一致率はやはり高く、大まかには、一卵性の場合は約五〇％、二卵性の場合は一〇％くらいです。他方で、養子法というリサーチによれば、双子のうち養子に出された子は養子先の親族と発症率が変わらないといった結果も報告されています。

津川　つまり現状では、いろいろな説が併存していて、どれかひとつだけ決定的な理論があるわけではない。これは近年の傾向だと思いますが、統合失調症の軽症化が語られる機会も多いですね。私の臨床実感としても軽症化を意識しますが、内海先生としてはどうお考えでしょうか？

内海　それはもう軽症化は圧倒的ですね。なにしろこのテーマで本を一冊書いてしまったぐらいですから。(6)

多分、言語というもののあり方が変わってきたことが影響しているだろうと思います。イギリスの精神医学者ティモシー・クロウ（Timothy Crow）は、統合失調症は人間が言語を獲得した代償であると述べています。(7)彼は画像研究のかつての第一人者であり、それ以上の考察は展開していませんが、説としては興味深いものがあります。ヨーロッパでは、言語は元来、神から与えられたものという考えが根強くありました。

津川　神託のように神様からやってくるということでしょうか？

内海　一度はバベルの劫罰《ごうばつ》を受けましたが、人間の言葉の背後には、つねに神という保証人がいました。ところが近代以降、その保証人がいなくなり、人間は自分自身の主人として、自分をコントロールしなくてはならなくなります。発言し行動する自分と、責任をもってそれをコントロールする自分に分裂するのです。少しかたい言葉になりますが、一人の人間のなかに、経験的な自分と超越論的な自分が同居することになります。この二重構造が、いわゆる近代の「主体」という概念に相当します。

津川　人間の主体性という考えが出てくる前には、そうでなかった時代があったわけですね。

内海　自分で自分の言動をコントロールするのはあたりまえと思われるかもしれませんが、古い秩序から解放される一方で、個として放り出されたわけです。普段は気にならないかもしれませんが、ふと、自分の寄る辺のなさに慄然《りつぜん》とする、そんな落とし穴にはまることも起こりえます。

他方、神や王といった明白な権威は衰滅していきますが、権威そのものがなくなったわけではありません。むしろ自分を律するようにどこからか監視しているような形で続いていきます。それが近代国家の統治の仕組みです。このようにわれわれは自立＝自律することを求められます。とりわけ統合失調症の好発する青年期に、この圧は強力なものとなって、個にかかってきます。そしてこの「青年期」というライフステージが、貴族や富裕層だけではなく、一般市民にまで浸透したのは、ちょうど統合失調症の概念が登場した二〇世紀初頭にあたります。

こうして人間は自立＝自律を求められますが、言語についても同じことが言えます。言語の保証人はいなくなり、言語は自分で自分をコントロールする。話がまともなものであることは、その話自体が保証することになります。

普段、われわれは、自分は自由に言葉を使いまわしていると思っています。しかし実際には、その自分も言葉も寄る辺のないものです。いったん心理社会的な危機に遭遇すると、言葉が勝手に話し出すようなことも起こりうることになります。あるいは語りかけてくるようになることもあるでしょう。そして言葉自体が自壊することもありうる。

統合失調症という病は、そうした主体（自分）と言語の危機という精神病理をコアにもっています。軽症化というのは、こうした主体と言語の自律性をめぐる問題が、それほど深刻なものでなくなってきていることに由来しているようにも思います。

津川　言語そのものが力を失ってくる……

内海　はい。付け加えると、軽症化については、社会の変化も決定的に関与していると思います。いったん発症すると、雪崩式に、あるいは地滑り的に具合が悪くなるのが、この疾患の恐ろしいところです。途方もない不安や恐怖の渦中で、誰にも理解してもらえず、助けを求めることもできない。不適切な行動もしてしまう。学校や仕事に行けなくなり、社会的に孤立していきます。

今では不登校も休職もかつてほど異常とはみなされませんし、支援の対象にもなります。しかし一昔前は、それこそ「働かざるもの喰うべからず」でした。まともな「市民」とはみなされなかったのです。私が駆け出しの研修医の頃には、長期入院を余儀なくされていた患者が、田植えや稲刈りに駆り出されていました。そのときだけは家族が外泊に連れ出すのです。近年、ノーマライゼーションなどの啓発活動やリハビリテーションの充実、情報にアクセスしやすくなったことなどを含め、社会環境が大きく変化したことなども、この病の軽症化に寄与していると思います。

5　トレーマと初期統合失調症

津川　統合失調症の中核症状は幻覚や妄想ではなく、ブロイラーによれば連合弛緩であり、加えて内海先生の解説では、言語の問題であったり自我障害であったりするわけですが、これらが軽症化しているとしたら、心理士としては心理アセスメントで見逃さないためにどこに注意すべきなのかが気にかかります。たとえばクライエントが書き残したメモに明らかな症状が現れていれば迷うことはないでしょうけれど、これら中核症状自体が軽症化すると、どのような現れ方をするものでしょうか？

内海　前駆期に関する古典がいろいろありますので、それらが参考になります。そのなかでも、すぐれたものとして、クラウス・コンラート（Klaus Conrad）のいうトレーマ（Trema）があります。(8) トレーマとは「舞台に上がる前の緊張」というイタリア語に由来する言葉です。妄想気分にまでは至らないまでも、何かが起こりそうな、それでいて摑みどころのない、当惑させられるような状況です。そのとき、患者の多くは、普段の親しみある世界から隔てられてしまったようになります。家族や友人からは、何か気持ちが通じなくなったようだと感じられたりもします。他方で、なんとなく目立ってしまったように思われ、どこからか自分が見られているような気分になります。

コンラートはトレーマ期で起こる症状として「抑うつ」と「無意味な行為」をあげています。抑うつはある意味、統合失調症の初期症状の定番です。昔は、「一〇代の『うつ』を診たら、統合失調症を疑いなさい」と教えられたものです。今では事情は随分変わりましたが、それでも若い人の抑うつのなかには一定数みられます。何かぼんやりしていたり、集中力がなくなったり、成績が急に落ちたりすることもあります。塞ぎ込んでいることが多いのですが、にわかに活動的になったりすることもあります。「無意味な行為」というのは、少し箍《たが》がはずれたような、普段は行わないような行為のことを指します。コンラートは軍医でしたので、通常の病院や診療所で診るよりも早い段階で、統合失調症を診る機会に恵まれたようです。例としてあげているのは、上官に大声で叱責されて、両手で耳を塞いでしまった青年です。普段、自分の行動を常識的に統制してくれる場の力が働かなくなったような状態にあることによって起こると考えられます。

もうひとつ参考になるのは、中安信夫先生の「初期統合失調症」です。[9] これは「初期分裂病」として、一九九〇年代に一世を風靡した類型です。四つの基本症状として、①自生体験、②気づき亢進、③漠とした注察感、④緊迫困惑気分があげられています。[10] それぞれについて詳しくは説明しませんが、①②③は症状として、比較的安全に聴取できるものです。症状を同定することによって、クライエントが少し安心するという、通常の診療の手続きが機能しますので、むしろ積極的に聴いてよい症状です。

最後の「緊迫困惑気分」は、読んで字のごとく、何かが差し迫ってきている緊迫感と、しかしそれがどういうものかわからず、なすすべもなく困惑したような状態のことを指します。いわばプレコックス感の前駆期版のようなものです。このいわく言いがたい何かがそこで起こっているのが傍らにいて感じ取られれば、自生体験などの他の症状群が統合失調症的なものであると納得できます。最もプロらしい見立てです。

前駆期の事例、あるいは初期統合失調症は、必ずしも顕在発症するとは限りません。そこから回復したり、長くその状態に留まることもしばしばみられます。

6　病名変更のインパクト

内海　統合失調症は明らかに軽症化しています。その要因としては、ここまでお話ししてきたように、「主体」として自立＝自律するということへの圧が弱まったこと、そして発症後に患者を追い詰めていく力が緩和されたことなどが関与していると思います。

津川　軽症化は、この二つの側面が変わってきた結果ということですね。

内海　日本における象徴的出来事としては、二〇〇二年に日本精神神経学会が決定した「精神分裂病」から「統合失調症」への呼称変更です。これは日本独自のものです。

津川　原語（schizophrenia）は変わらないまま日本語の呼称だけを変えたわけですよね。日本精神神経学会で新しい呼称の候補三つへのアンケートが行われていたのを覚えています。誤解や偏見、差別、スティグマを減らすという目的が含まれていたと理解しています。

内海　そうですね。実際に大きなインパクトがあったと思います。分裂病と診断されることは、分裂病という病そのものによるダメージに劣らぬくらい、大きな損失を与えるものでした。呉秀三《くれしゅうぞう》の言葉をもじれば、「此病ヲ受タルノ不幸ノ外ニ、此病ノ名ヲ背負フノ不幸ヲ重ヌルモノト云フベシ」でした。告知も容易ではありませんでした。「統合失調症」になってからは、比較的安全に告知できるようになったのではないでしょうか。むしろ安易で無神経な告知が横行しているようにも思います。

津川　呼称変更によって、結果としてすごく大きなことが起こったということなんですね。

内海　はい。命名の暴力性が減弱したということです。これはこの病の精神病理のコアにかかわるものなのです。

津川　その後も「痴呆症」が「認知症」に変更されたり、今は糖尿病という名称を変更しようとする動きがありますが、統合失調症への呼称変更はとりわけ強い影響力があったということですね。

内海　おそらく呼称変更に取り組んだ人たちが考えた以上に大きな効果があったものと思います。これらの人たちのなかには、「分裂病」という名に悪のすべてを負わせるような口ぶりの人もいて、多少不愉快に感じたりもしました。この呼称変更のキモは、単に名前をソフトなものにしたことではなく、「名前など付け替えてしまえばよいのだ」ということを実践したことです。命名というのは、社会のもつ最も大きな力です。それが動かしがたいものではないことを、結果として示したわけです。

津川　症状がそもそも減弱し、ノーマライゼーションやリカバリーの発想が一般的でなかった時代背景も様変わりし、そこに呼称の変更などいろいろな要素も加わって、現在の統合失調症の軽症化につながっているわけですね。

◉注

1—Bleuler（1911）
2—土方（二〇〇四）
3—媒質、素材、あるものを媒介する性質をもったもの。創作素材（顔料、絵具、大理石）、表現手段などを指す。絵画を鑑賞する際には絵具というメディウム自体を見ているわけではないように、普段は背景に退いている。
4—Schneider（1959）
5—Torrey（1980）
6—内海（二〇〇三）
7—Crow（1997）
8—Conrad（1958）
9—中安（一九九〇）
10—おおまかに概説すると、「自生体験」は、ひとりでに考えが頭に浮かんで本来集中すべき対象に集中できないこと、「気づき亢進」は、周囲のものごとに過敏になること、「漠とした注察感」は、なんとなく見張られている気がすることを指す。

◉文献

Bleuler, E.（1911）Dementia praecox, oder Gruppe der Schizophrenien. Leipzig, Deuticke.（飯田真・下坂幸三・保崎

秀夫・安永浩＝訳（一九七四）『早発性痴呆または精神分裂病群』、医学書院）
Conrad, K.（1958）Die beginnende Schizophrenie. Stuttgart, Thieme.（吉永五郎＝訳（一九七三）『精神分裂病――妄想のゲシュタルト分析試論』、医学書院）
Crow, T.（1997）Is schizophrenia the price that Homo sapiens pays for language?. Schizophrenia Research 28 ; 127-141.
土方巽（二〇〇四）「剝製の後頭部を持つ舞踏家に寄せる」、笠井叡『銀河革命』、現代思潮新社
中安信夫（一九九〇）『初期分裂病』、星和書店
Schneider, K.（1959）Clinical Psychopathology. New York, Grune and Stratton.
Torrey, E.F.（1980）Schizophrenia and Civilization. New York, Jason Aronson Publishers.
内海健（二〇〇三）『「分裂病」の消滅――精神病理学を超えて』、青土社

◉参考文献

内海健（二〇〇四）「Wの悲劇――命名と暴力の観点からみた呼称変更」、『最新精神医学』、九－六、五四三－五五四頁（再録－内海健（二〇〇八）『パンセ・スキゾフレニック――統合失調症の精神病理学』、弘文堂、一二四－一四六頁）
内海健（二〇一二）「統合失調症、統合失調症型障害および妄想性障害」、加藤進昌・神庭重信・笠井清登＝編『TEXT精神医学 改訂4版』、南山堂、二三六－二六三頁
内海健（二〇一七）「軽症化時代における統合失調症の精神病理――七つのアレゴリーによる変奏」、『精神医学』、五九、一〇一一－一〇一八頁

第八章　統合失調症2

敬意と親しみ

1　心的距離と対人希求

津川　軽症化した統合失調症に対して、服薬をしながら言葉でのコミュニケーションを主とした心理カウンセリングを実施する場合、連合弛緩などの症状を見逃さないことはポイントになると思いますが、心理士としては、どのようなことに注意してアセスメントをするといいでしょうか？

内海　実際の臨床で言語の微細な徴候を拾い上げていくのはかなり熟練が必要です。直接の回答に代えて、統合失調症のクライエントがどのような心性をもっているのか、ということをお話ししておきたいと思います。まずあげられるのは、この人たちは、対人距離を必要としているということです。

津川　それはつまり、心理的距離を必要とするという意味ですね。

内海　そうです。ですから、面接にあたっては、まずは安全な心理的距離を提供することが大切です。他方で、彼らには、対人希求性があります。ここはASDとの鑑別のポイントのひとつになります。人とのつながりを求めてはいるのですが、それ以上に人に対するおびえが強い。

津川　対人希求性はあるけれど「おびえ」が強い、だから安心できる心理的距離が必要になってくる。

内海　先ほど紹介したブロイラーの「四つのA」のひとつに「自閉」がありました（第七章）。記述一辺倒の当時の精神医学にあって、関係性を症状として取り上げた点で画期的なものです。実は、このブロイラーの言う「自閉」は原発性のものではないのです。つまり、最初から自分の中に閉じこもっているのではなく、外界を脅威に感じて、二次的に引きこもっていると説明されています。このあたりもASDとの鑑別点になります。

臨床の一対一の場面では、彼らは気の置けない、あるいは屈託のないかかわりを築くことのできる人たちです。この人たちの底意のなさに、かえってこちらが癒やされることさえあります。ただし、これは精神科医の資質・タイプによって反応が分かれるところで、そのあたりの機微がまったくわからない医師もいます。いずれにしても、心に留めておいてほしいのは、統合失調症の患者は、パーソナルな関わりでは率直な人たちだということです。

津川　本当に「裏表」がなく、基本的にピュアな方ですよね。

内海　経過のなかで傷つきがあると変わってくることもありますが、本来はそうした人たちです。ただ、ソーシャルな関係になると、そうもいかなくなります。疑心暗鬼になったり、棘を出して身を守ったりするようにもなります。ですので、治療者としての私はジレンマを抱えていました。急性期や苦しい時期を伴走したあと、彼らを社会的な局面に戻していくとき、特にそれを感じます。

2　パーソナルとソーシャル

津川　ここでいう「社会的な局面」というのは、デイケアも含めたものですか？

内海　はい。

津川　そうなんですね。主治医として、ジレンマ、そういう思いをなさっているんですね。

内海　いずれ社会復帰という段階がやってくる。塵芥《ちりあくた》にまみれた実社会、下世話な世間の人間関係のなかに戻っていかなければならない。そこでうまく適応してもらうためには、治療者としてのスタンスを、多少なりとも切り替えることになります。そうしたとき、それまでの伴侶的なかかわりを裏切っているような気持ちになるのです……屈託のないパーソナルな時間をしばし共にしてきた、にもかかわらず、社会という現実にクライエントを押し出していくことになりますから……

津川　デイケアなども含めた社会に送り出していくことへの、主治医としての思いですね。

内海　ですから最初のうちは、デイケアの利用にも抵抗がありました。

津川　統合失調症を患った方々にとって、社会で生きていくのは大変なことで、主治医としてそれが重々わかっているからこそ裏切っているような思いにもなって……

内海　幸いにして、私が勤務していた大学病院のデイケアは、単にソーシャルスキルを訓練する所ではなかったので、ある程度安心して託すことができました。ただ、当然のことですが、そこでは屈託のない率直な関係よりも、対人スキルを身につけることに重点が置かれます。そこには否応なく「ソーシャルスキルにおいて劣る人」という視線が入り込んでくるのです。SSTを提供すること自体、そういった前提を避けられません。ですから、そうした目で見られる場面にクライエントを送り出すことになります。主治医として、社会復帰するにあたって、世間知や「傾向と対策」を伝えることもあります。そこに医療者としての痛みが生まれるんですね……

津川　内海先生がそういう思いを抱かれていることを、クライエントの方々は想像しているのでしょうか？

内海　どうでしょうね……一種の親バカみたいなものかもしれませんが、しかしそれは単なる自分の勝手な思い込みだったとは言いきれないところもあります。

津川　軽症化したと言われる今でも、統合失調症患者が社会に戻っていくことは、依然、それくらい大事業ということですね。

内海　社会がより多様性を認めるようになっており、脱スティグマ化の成果もあり、社会復帰へのハードルも以前よりは随分下がっているとは思いますが……

津川　それでも私たち臨床家としては、社会復帰がいかに大変な作業であるのかを決して忘れてはいけない。軽々に進んでいくような話ではありませんからね。かつては、統合失調症のクライエントが急にアルバイトをしたいと言い出したりすると、精神科医も看護師もみんな喜ぶどころか、えぇっ！　ていう感じで、死んじゃうんじゃないかと、自殺の危険性を考えていました。一般的な感覚からすれば、状態が良くなって自らアルバイトをすると言っているんだから、喜ばしいことに思えるかもしれない。けれども、医療者は怖くてしょうがない。

内海　私が言いたかったことを、今、端的な例で解説していただけたと思います。

津川　社会状況が変わってきたことは踏まえながらも、このような臨床感覚が伝わっていくことが大切ですね。

3　面接の構造

内海　もう一度、面接場面の話に戻ると、統合失調症においては、やはり心理的安全性の確保が優先されます。心理士の方にはあたりまえのことでしょうけれど、治療の場のプライバシーについては、明言しておく必要があります。「ここであなたが言ったことは決して他に伝わったりはしない」こと、「あなたへのことわりなしに、事を進めたりはしない」ことは、自分にとっては当然ではあっても、明確にクライアントに伝えることです。

津川　心理士も守秘義務の一環として必ず伝えることになってはいますが、面接契約上の倫理事項だからではなく、より臨床において本質的な意味として伝えておくということですね。

内海　医療現場には医師と患者のあいだに大きなヒエラルキーがあります。私たち医療者はパーソナルな関係における他者というより、まずは社会的他者としてクライエントの前に登場します。そしてそこからパーソナルな関係を築いていくという設定になっています。

津川　それを踏まえて、外来・病棟の主治医として先ほどの言葉を伝えるということですね。

内海　医師というのは、自分の知らないところで勝手に何かを画策するかもしれない他者です。クライエントからすれば、白衣を着た見知らぬ者が、自分のことを観察したり訊ねたりして、医学用語で勝手に記載していくわけです。ですから「自分の知らない秘密をこの人は握っているかもしれない」と思っても不思議ではありません。診療は否応なしにこのような構造をもってしまっています。ですから、最初に、伝えるべきことをあえてしっかり伝えておく必要がある。

津川　言わずもがなのことでも、きちんと言葉にして相手に伝えておくこと自体が治療的で、これからの面接のためにもなる。

内海　以前、試しに「もしかしたら、ここで話したことがどこかに伝わってしまうと思っていませんか？」と何人かの患者に聞いてみたことがあるのですが、ほとんどの方が肯定されました。こういった基本的な手続きを地道に踏んでおくと、存外、彼らはわれわれを信用してくれるようです。

津川　これは臨床感覚としてよくわかります。ある意味でバウンダリーを設定するということですから。

内海　そうですね。患者の発言は病的なものかもしれないと吟味する専門家の視点をもちながら、他方で、その発言は、それ自体として尊重される場であることが伝わるようにする――こういうあたりまえのことをしっかり押さえておくことで、その後の展開も随分違ってきます。

4　「ウラ」と「あせり」

内海　ここまでは心的距離のことをお話ししましたが、その他の特徴についても触れておきたいと思います。統合失調症の人は、一般的に、物事の「ウラ」に弱いという心性があります。その代表的なものが言葉と表情です。どちらも期せずして「ウラ」をはらんでしまう。

たとえば「ちょっと○○まで行ってくる」と何気なく言った場面で考えてみましょう。普通はそれで話が済んでしまうところです。しかしふと疑念が湧くと、「どうしてわざわざそんなことを言ったんだろう。もしかしたら自分をだまそうとしているんじゃないか……」と考えてしまう。さらには、そう言っておいて、本当は△△に行くつもりなのかもしれない、あるいは△△に行くのではと思わせておいて、やはり○○に行くのだろうか、と果てしなく「ウラ」が発生してくる可能性があるわけです。

津川　「どうしてわざわざ自分にそんなことを言ったのか」と勘繰ってしまうんですね。

内海　そういうことです。「勘繰り」ですね。また、言葉と同様、顔の表情も必然的に「ウラ」を伴うので、彼らを惑わせるものです。

津川　表面上は笑顔だけれど……という戸惑いですね。

内海　いわゆる「ダブル・バインド」ですね。そんなふうに考えはじめると、途端に面接は立ち往生しそうですが、大切なのは、率直な態度です。そう難しいものではありませんし、一度安心してもらえれば、そこまで「ウラ」のことは気にしなくても問題ありません。

津川　統合失調症の基本心性には対人希求性があるから、本来、ある一定の心理的距離がある信頼関係が築ける人たちですよね。

内海　そうです。そのほかにも、秘密を抱えることのできない人が多いということがあります。何か見抜かれているのではないかとか、たちまち不安になったりもします。裏を返せば、正直なのです。あるいは、加害恐怖を抱いている人も意外と多い。自分の言動が世界・社会に影響を与えたり、人に危害を加えるのではないかと脅えたりしていることもあります。

津川　被害妄想についてはよく知られていますが、加害恐怖が被害感覚をもつ人のなかに共在していると考えてよろしいでしょうか？

内海　ええ、両面あることを留めておくとよいと思います。そしてこれもよく言われることですが、「あせり」を抱いている場合が多い。

津川　気分障害（第六章）のところでも出てきた「あせり」ですが、統合失調症をもつ方々の「あせり」ですね……

内海　中井久夫先生は、統合失調症患者に害を与えずに語れる言葉として、「あせり（焦慮）」と「ゆとり（余裕）」をあげていたと思います。[1]

津川　気分障害から例を出せば、agitated depression（激越性うつ）の「焦燥」とは異なると思うのですが、その違いはいかがでしょうか？

内海　そうですね。何かに呼びかけられている、何かが差し迫っているようだ、このままじっとしていると足元の地盤沈下が起こって呑み込まれてしまうのではないか……といった感じに近いでしょうね。それによって、さらに状況を悪化させてしまいます。うつ病の場合は、やらねばならぬのに思うようにいかない、あるいはじっとしていられないといったあせりのことが多いのですが、統合失調症の場合は、得体の知れぬ未来や社会を前にして、安心して世に身をおくポイントが見つからないような感じでしょうか。

芥川龍之介の『西方の人』には「クリストは『狐は穴あり。空の鳥は巣あり。然《しか》れども人の子は枕する所なし』と言つた。彼の言葉は恐らくは彼自身も意識しなかつた、恐しい事実を孕《はら》んでゐる。我々は狐や鳥になる外《ほか》は容易に塒《ねぐら》の見つかるものではない」とありますが、迫りくる自分の崩壊を前にした彼の不安をよく表しています。

津川　自ら拠って立つ地盤が崩落するのではないかと

図❶　芥川龍之介のイラスト

いった感覚で、同じ「あせり」でも質的に異なるわけですね。これも心理アセスメントの重要な着眼点ですね。

5　ＡＳＤとの鑑別

津川　先ほど統合失調症の基本心性に関連して、ＡＳＤのクライエントとは異なるというお話がありました。その違いは心理士にとって、大切なところだと思います。

内海　かつて統合失調症として治療していたクライエントのなかに、今から顧みると発達障害、とりわけＡＳＤの方だったのではないかという事例が幾人か思い浮かびます。

鑑別の原則はいたってシンプルなものです。要点は「自閉」の様式にあります。両者ともに「自閉」という精神病理がありますが、統合失調症の自閉は、先ほどお話ししたように、二次性の自閉です。彼らは外界の脅威、とりわけ他者に過度にセンシティヴであり、そこから身を守るために引きこもっていると考えられます。

他方、ＡＳＤの人は、そもそも他者を他者として意識しにくい特徴があります。特に他人から自分への働きかけを認識できないことがプライマリーな問題になってきます。それゆえ統合失調症と違ってＡＳＤの自閉は一次性です。レオ・カナー（Leo Kanner）がサマライズしたように、統合失調症の自閉はwithdrawal（撤退）であり、ASDの自閉はaloneness（孤独というよりむしろ「一人っきり」）であると整理できます。

とはいえ、大人の発達障害の場合には、必ずしも鑑別は簡単ではありません。彼らも発達するにつれて、他人というものに気づきはじめ、不安・対人緊張に苛まれたり、抑うつになったりして、事例化することがあるからです。ただ、そうであっても、自分とは別の世界をもった他人の存在を、後になってから認識するところが、統合失調症の場合と大きく異なります。

津川　統合失調症のクライエントは本来センシティヴであるがゆえに二次的に自閉状態になっていて、ここにASDとの決定的な違いがあるわけですね。

内海　そうです。ただ、統合失調症の古典のなかにも、今の目でみれば、ASDではないかと思われる事例もあります。たとえばビンスワンガー、ミンコフスキー、ヴォルフガング・ブランケンブルク（Wolfgang Blankenburg）といったいわゆる大家が教示例としているケースにもみられます。おそらく、ASDの方が把握しやすい現象を示すからでしょう。

津川　実際のところ、統合失調症とASDの違いを、外来での心理アセスメントで確実にキャッチできるためにはどうすればいいでしょうか。

内海　そうですね……一般化できるかどうかはわかりませんが、統合失調症のクライエントは、親しみをもって率直に対応すると気持ちが通じる一方、ＡＳＤのクライエントの場合は、反応がなかったり、かえって混乱させてしまうこともあります。基本的には、潜在的にせよ、他人に対する過敏性があるかないかが大きなポイントになります。

津川　なるほど。ちなみにここで想定されているのは、他者の存在に気づく以前のＡＳＤのクライエントと、気づいたあとのクライエントの両方に言えることでしょうか。

内海　おそらくそうだろうと思います。自閉的ということで、統合失調症と似たようなたたずまいをしていても、ＡＳＤの人には感情的なコンタクトが、なかなか歯が立たない。独善的で一方的にこちらを侵食してくる人もいれば、機械的な反応に終始する人もいたり、あるいは何の反応もない人もいます。ピュアな方もたくさんおられますが、かかわる手がかりに乏しい。長く付き合っていると、それなりにかぼそい関係性はできますが、時間がかかります。

かつて統合失調症が、あれほど精神科医の臨床的関心を惹きつけたのは、彼らの容易には人を寄せつけぬ孤高のたたずまいだけでなく、どこかで気が通じるところがあるという絶妙なバランスだったのかもしれません。神秘化するのはよくありませんが、自然に敬意のようなものがこちらに起こらないとしたら問題です。治療者としてこの疾患にアフィニティ（親和性）がないか、それともその患者がミゼラブルな処遇を受けてきたかのどちらかだろうと思います。

津川　率直さだけでは対応できない可能性があるとすれば、面接のあり方も必然的に工夫しないといけないですね。鑑別診断もアセスメントも実際の支援のためにあるものですから。

6　オープンダイアローグのことなど

内海　「率直さ」の関連でおうかがいするのですが、津川先生はオープンダイアローグをどのように評価されていますか？

津川　私自身、急性期患者のご自宅にチーム医療の一員として訪問したという臨床経験がありません。ですので、的確な評価を述べられるような経験がないです。以前、日本心理臨床学会のシンポジウム「オープン・ダイアローグと心理臨床——日本における実践をめぐって」で斎藤環先生や信田さよ子先生によるデモンストレーションをライブで見たり、フィンランドの心理士ヤーコ・セイックラ（Jaakko Seikkula）のYouTube

動画を見たり、翻訳書[2]をいくつか読んだり、オープンダイアローグに関する解説書や論文をいくつか読んでいるだけといったレベルです。

内海 私も経験はないのですが、臨床心理学領域ではトレンドになっているのでしょうか？

津川 紹介された当初は衝撃でした。急性期はとにかく薬物療法が主体、心理士は心理検査か、生活支援の一環としての心理支援を担当するという現場教育をずっと受けてきて、それまでのアプローチとは真逆に感じましたから。オープンダイアローグのスタッフは看護師も含めて家族療法などのトレーニングを受けているとはいえ、あれほど画期的な試みが実践できることに、心理士だけではなく多くの人が衝撃を受けたはずです。その証拠に、オープンダイアローグを検証するために、セイックラたちのところへ行った方々の記録も出ていますよね。

内海 薬物療法を使わず急性期に介入するためには、相当な社会資源の投入が必要になります。ですから、治療法を云々する以前に、あれだけの組織化をしたことを、まずは評価すべきだろうと思います。

津川 医師が一人で診断して処方箋を書くというアプローチであれば、あれだけの人材は求められないですからね。

内海　ちなみに、かつてアメリカの精神科医ハリー・スタック・サリヴァン（Harry Stack Sullivan）が、チェスナット・ロッジで統合失調症治療に取り組んでいた頃、破瓜《はか》型・解体型には難渋したものの、それ以外の統合失調症の寛解率は、かなり高かったと言われています。まだ薬物療法がなかった頃のことです。当時は、さまざまなファウンデーションからの資金援助があり、潤沢なマンパワーの投入が可能でした。

津川　妄想型の統合失調症の寛解率ということでしょうか？

内海　緊張型も含まれます。サリヴァンは、アメリカ精神医学史のレジェンドでありながら、今はほとんど顧みられていないのではないでしょうか。

すごく大雑把ですが、オープンダイアローグの原則は、基本的に何を話してもよく、車座になってポリフォニックな場を形成していくといったものだと思うのですが、正直なところ、私にはちょっと物足りないと感じられる部分もあります。それは、「患者の言っていることの方にこそ人間的な真実がある」という視点があるのだろうか、ということです。

津川　大切なことだと思いますので、もう少しご説明いただいてもよろしいでしょうか？

内海　オープンダイアローグによって、急性期の精神状態が落ち着いていくとします。ただ、落ち着くということは、日常的な環境に順応していくということであり、大勢に流されることを受け入れることです。実際、オープンダイアローグの構造は、患者からすれば「多勢に無勢」です。そのとき、実はむしろ患者の方が、真実に近いところで語っているのではないかという視点は確保されているのだろうか、ということです。

真実に近い分だけ、患者はうまく語れない、聞いてくれる人もいない、孤独で不安にもなる、恐ろしくもある、そして興奮もしてしまう。そのような場所に留まりつづけることは困難だから、申し訳ないけれども、常識というやつに譲歩してくれないだろうか……たしかに、患者が落ち着きを取り戻すのは、プロとしての責務であると同時に、関与する側にとってはうれしいことです。しかし、どこかでこうした視点も確保しておくべきだろうと思うのです。

津川　一対一の関係では譲歩できなくても、「多勢に無勢」で順応して折り合いを付けさせられるのではないか、ということですね。

内海　統合失調症の治療が手探り状態で、今よりはるかに困難だった時代、私自身は一対一の状況で、彼らが何を言っても、いったんそれを真実として受け取るように心がけていたと思います。その際、精神病理学がとても力になりました。

津川　たとえば「昨日、月に行ってきました」と言われても、心からクライエントの話を聴いていましたね。担当医も、妄想が強まってきたから投薬量を増やした方がいいなどと考えながら、クライエントの言葉をそのまま聞いて、しかもその双方が両立していた――そもそも、双方が両立しないと治療にはならなかった。

内海　そうですね。オープンダイアローグでは、トレーニングを受けた多数のスタッフが対応するのだと思います。ですから、初診で具合の悪い患者が連れてこられて、入院の可能性も含めた対応を一対一の状況でやるのに比べると、医師としてははるかに気持ちが楽だろうと思います。結果的に患者への侵襲性は大幅に軽減されるはずなので、期待はしています。まずはスタッフの数を確保するというのは、精神科に限らず、救急全般の原則にのっとったものです。あとはそれだけの社会資源をどうやって確保するかでしょう。

津川　緊急時には院内にコードが流れて、即座に病院スタッフが複数集まりますよね。

内海　それによって治療する人を孤立させず、落ち着いて緊急事態に対応できるようになります。ですが、自分は統合失調症のクライエントに、一対一でできるだけのことをしようとしていました。

津川　急性期には、若いスタッフを伴って対応することも多いなか、それは大変な覚悟だと思います。

内海　不本意ながら来てくれた以上、その人に一人で相対することは、最低限の礼儀だと考えていました。それに、私が組織で動くのが苦手だということがあったかもしれません（笑）。

津川　最近、統合失調症論に特化した対人援助職対象の教科書レベルの論考が意外と刊行されていないように感じていて、参照枠の多くは古典にならざるを得ないなか、今回の内容は、心理士を含む対人援助職に向けた貴重なガイドになります。ありがとうございます。

◉注

1――中井（一九七六／二〇一七）

2――斎藤環＝著・訳（二〇一五）『オープンダイアローグとは何か』、医学書院など

◉文献

中井久夫（二〇一七）「統合失調症者における『焦慮』と『余裕』」、『中井久夫集 1［1964-1983］働く患者』、みすず書房、八二―一〇六頁（初出―中井久夫（一九七六）『精神神経学雑誌』、七八―一、五八―六五頁）

◉参考文献

内海健（一九九九）「分裂病からの回復――易刻印性の観点から」、『精神科治療学』、一四―六、五九七―六〇五頁（再録―内海健（二〇〇二）『スキゾフレニア論考――病理と回復へのまなざし』、星和書店、一―一九頁）

内海健（二〇一二）「統合失調症、統合失調症型障害および妄想性障害」、加藤進昌・神庭重信・笠井清登＝編『TEXT精神医学 改訂四版』、南山堂、二三六―二六三頁

第九章　発達障害1（ASD）
理解の補助線

1　ASD略史

津川　今、心理士がお会いすることが、すごく多くなっているのがASD（Autism Spectrum Disorder／自閉スペクトラム症）を代表とする発達障害のクライエントの方々で、今日の最初はASDを理解するうえで大事にすべきことからうかがえれば幸いです。

内海　私は児童精神医学の専門家ではないので、ここでは青年期以降に事例化するASDを念頭においてお話しします。

ASDを知るうえでは、何はともあれ一九四三年と一九四四年に発表されたレオ・

カナーとハンス・アスペルガー（Hans Asperger）の論文が欠かせません。[1] そして、これさえしっかり読み込んでおけば、臨床家にとっては十分だろうと思います。

その後、一九八一年にローナ・ウィング（Lorna Wing）が、欧米では埋もれていたアスペルガーの論文を発掘して、「アスペルガー症候群」を提唱し、にわかに一般に知られるようになりました。[2] そして、同じくウィングが一九八八年に示した「スペクトラム」という概念によって、ASDへと集約されていきます。[3]

スペクトラムというのは、もともとは光学スペクトルなど物理学の用語ですが、とりあえず「濃淡のある連続体」のようなものをイメージしてください。ASDの場合は、本来は、「カナー型」「アスペルガー型」といった類型を横断的に包括するという意味ですが、他方で、正常への移行を含めた連続体をなしているということも含意《がんい》されるようになりました。

ASDの基本障害とされるものは、いわゆるウィングの「三つ組」であり、ご存知のように、「対人相互性の障害」「想像力の障害」、そして「コミュニケーションの障害」です。私も、基本的にはこの考えを踏襲しています。ひとつずつ、説明していきましょう。

2　対人相互性と「志向性」

内海　「対人相互性の障害」は、読んで字のごとくですが、この場合、大切なのは、他人から自分に向かってくる働きかけ、「志向性（intentionality）」です。「ちょっといいですか？」というような言葉をかけられることって日常生活でよくありますよね。ASDの場合、そうした他者からの働きかけをキャッチするのが難しいのです。

津川　それはバーバルもノンバーバルも含めて、ということでしょうか？

内海　はい。バーバルの場合も、行為として考えれば、そこには語りかける相手への志向性が含まれています。

ここではバロン＝コーエン（Simon Baron-Cohen）によって提唱された「心の理論仮説」を読み解いてみましょう。ASDでは「心の理論」の発達が遅れるというものです。この研究では被検者に「サリー・アン課題」というテストを施行します――サリーとアンの二人の女の子がいます。サリーはビー玉を自分のカゴにしまったあと、部屋を離れて散歩に出かけます。サリーがいないあいだに、アンはカゴからビー玉を取り出して、そばにある箱に入れます。そしてサリーが戻ってきます。こうしたストーリーが五コマ漫画で紹介された後、「では、サリーはどこにビー玉を探すでしょう？」という質問に答えるものです[4]（図❶）。回答するためには、漫画を見ている自分ではなく、サリーの立場になってみる必要があります。その結果、定型発達群が四歳の言語能力でクリアするのに対し、ＡＳＤ群では八歳の言語能力が必要という所見が得られました。ＡＳＤ研究のひとつのランドマークとされるものです。

この仮説でわかりにくいのは、そもそも「心の理論」とは何を意味しているのかということではないでしょうか。これは、人には「心」という装置ないしメカニズムがあって、そこからその人固有の物の見方や考え方をするという「理論」のことです。そして他人には他人の見え方があるということになる。つまり、こういった「理論」によって、人は他人を理解するという仮説です。

しかし、こういった他者の理解は、むしろＡＳＤの人たちが採用するものに近いのではないかと思うのです。成長するにつれ、「どうも他人というやつは、自分と違った物の見方をしているらしい」「そう考えないと辻褄《つじつま》が合わない」といった具合に、他人というものを理解していきます。実際、そうした気づきでパニックになって来院した人もいました。

津川　突然そんなことに気づいたら大混乱しますよね……

サリーです。
アンです。
サリーはバスケットをもっています。
アンはボックスをもっています。
サリーはもっていたビー玉をバスケットに入れます。
サリーは散歩に出かけます。
アンはビー玉をバスケットから取り出して、ボックスに入れます。
サリーが戻ってきました。
彼女はビー玉で遊ぼうと思います。
ではサリーは自分のビー玉をどこに探すでしょうか。

図❶　サリー・アン課題

内海　ひとつ事例をあげてみます。「自分は弟を虐待していたことがわかった」ということを主訴に受診した青年です。彼はそれまで、自分のルールが絶対に正しいと考えて、それに反するものはどんなことをしてでも従わせてきたといいます。ところが、あるきっかけで、弟には弟の世界があることに気づいてパニックになりました。

津川　弟にもルールがあることに気づいて、今までのことが虐待だったと気づいたんですね。

内海　「自分のルール」と言いましたが、実際には「自分独自に設定したルール」というより、「普遍的ルール」なのです。そこでは自分も他人もありません。

津川　「マイルール」ではなく、みんなに当てはまるルールということですね。

内海　ASDのクライエントのなかには「マイルール」と言う人もいるのですが、それは他人というものに気づいたあとの話です。世界そのものを構成するルールがあって、それが乱されるとパニックになる。ピースがひとつ違うだけで、それが全体に波及して世界をガラリと変えてしまう恐怖をもっています。周りからすれば、強情で自己中心的と思わざるをえないのですが、彼らには「自分」というものが明確にあるわけではない。

津川　自分が信じるルールは世界中に当てはまるルールで、しかも他者からの働きかけを感知しにくい状態で世界に存在している。

内海　そうですね。先ほど、ASD群は八歳くらいの言語機能で「サリー・アン課題」が解けるようになると言いましたが、つまりそれだけ知性を動員して、他人というものを理解しているということです。いわば他人の世界を横から、つまりは「側面図」として眺めているようなところがあります。

津川　横から眺めているというのは、具体的にはどのようにイメージするとよいでしょうか。

内海　映画のスクリーンを観るように他人を見ているとでもいえばよいでしょうか。ちょっと極端な言い方かもしれませんが、ある事象が起こったら、次にこういう事象が起きたとか、顔のパーツがこんな動きをしたら、こういう言葉が聞かれたとか、徐々に人間のいとなみの法則がわかってくる。

津川　行動観察をしながら理解しているということですね。

内海　ええ、そうですね。ですから、シャーロック・ホームズのごとく、定型発達群より他人の心のメカニズムがわかる可能性は十分にあります。情に流されず、原則を貫くので、公正無私だったりもします。その一方で、正面図に直面した場合、つまり相手が自分に働きかけてきたときには、それが何を意味しているのかを感じ取りにくい。

そもそも働きかけられていること自体がぴんと来ずに、苦労すると思います。

津川　たとえば「ちょっといいですか？」といった言葉だと、言外の意味を補いにくいでしょうね。

内海　言われた言葉をいわば文として、いったん落とし込んで、これまでの経験と照合して理解する。「発言した人は自分に何か用事がある」「その用事のコンテンツは、次の発言で示される」と推論するような感じでしょうか。アルバート・アインシュタイン（Albert Einstein）には、そういう特性があったと言われています。初語は遅かったのですが、いきなり「ミルクが熱いです」と三語文を話したそうです。成人してからも、会話の際には、自分のなかでいったん完成形を作ってから返事をしたと語っています。

津川　定型発達群なら「ちょっといいですか？」のニュアンスは即座に伝わるところ、ASDのクライエントは自分のなかで立て直さなきゃいけないから遅延する（delay）ことになり、少し間が空いてしまうこともある。

内海　そうです。定型者なら「ちょっと……」と聞こえた段階で、振り向きますね。ASDではそこに遅延が差し挟まれます。「対人相互性の障害」は「志向性」、とりわけ他人から自分に向かってくるベクトルへの感受性の乏しさと読み替えた方がよいと思います。

津川　それくらい「ちょっと……」という表現はわかりにくい、だから反応が遅れている、ということを援助者は理解しておきたいですね。すぐに来なかったから指示に従わない人とはみないで、自分のなかで発言の意味を構築し直していると考える。

内海　少し反応を待つくらいが、ちょうどいいでしょうね。

3　想像力の障害──見えるものがすべて

内海　「想像力の障害」について、たいていの人は、こだわりや興味・関心の幅が狭いこと、たとえば「鉄道マニア」や蒐集癖《しゅうしゅうへき》のようなものをイメージすると思います。それも想像力の問題のひとつですが、もっと一般的には、「見えるものがすべて」と考えておくとわかりやすいと思います。逆に言えば、見えないものはわからない、というより、端的に「ない」。

ある女性クライエントの例ですが、「私には見えないものはわかりません」と言います。その「見えないもの」の代表は三つあり、ひとつは「未来」、もうひとつは「他人の心」、そして「奥行き」だと教えてくれました。奥行きも視覚だけでは構成できないものです。

津川　「見えるものがすべて」というのは、具体的にどのような世界に生きているとイメージすればいいでしょう？

内海　たとえば壁の向こうは見えませんが、そこには別の部屋があったり、廊下や庭があったりするはずです。しかし端的に「ない」のです。小学生の頃、下校していると、家々に明かりがついているのが見えるけれど、見えている風景の向こうで人が生活していることが想像できなかったという人もいました。

津川　明かりがついていることはわかるけれど、人が住んでいることは想像できない……

内海　舞台の書き割り（家屋や風景などを平面に描いた大道具）のような風景があるだけということですね。ところがあるとき、その向こうで人が生活していることがわかって驚愕《きょうがく》したそうです。

津川　自分自身も家に帰って灯りをつけるけれど、他人の家の光景とはまったく別個ということですね。

内海　類推を重ねて「あそこの家には人が住んでいる」と徐々にわかっていく、あるいは突然発見して驚くわけです。

津川　家に灯りがついていれば人が住んで生活しているなんて、学校で誰も教えてくれなくてもわかっている人はいて……

内海　通常は、推論するまでもなく、直感的にわかっていることですが、どうしてわかるのか、あえて理屈をつけようとしたら、きっとメカニカルな説明になりますね。

津川　それこそが想像力の障害ということですね。

内海　そうですね。だから「見えるものがすべて」と仮定してみると、ＡＳＤの人の世界への補助線になると思います。われわれの方から想像を飛ばして、異なる神経システムが作動している世界をイメージする。そして、もしかしたらこういう世界に住んでいるのかもしれないと理解してみるのです。

津川　それは臨床でとても大事なことですね。援助者が自分の側に、つまり定型発達的な見方に引き付けるのではなく、援助者の方がＡＳＤの世界に向かっていく。そのために仮置きしてみるということですね。

内海　もうひとつ、別のクライエントが教えてくれた例をあげてみます。彼女は、自分の頭は空白のマス目のないパズルみたいになっていると言います。そのパズルとは、「一五パズル」といって、正方形の四×四＝一六マスのうち、一マスだけ空いているパズルです。その空きマスを使ってピースを組み替えていくと絵柄ができますが、自分の頭の中には空きマスがないからそもそも組み替えができないというのです。

彼女はあるときから不登校になるのですが、母親に「どうして学校に行かないの？」

と聞かれた途端、自分のなかの母親像が壊れてしまったといいます。それまで母親は自分のことを何でも知っていると思っていたのです。ちなみに、こういう全知全能の他者というのは、ＡＳＤの人に時々みられます。医師や心理士もそのようにみなされることがあります。彼女は、自分が学校に行けない理由を知らない母親を想像できませんでした。空いたマス目があれば、母親像を組み替えて、万能でない母親もいることが想像できるのでしょうが、それができなかったのです。それから一〇年というもの、彼女のなかで母親像は凍結されたままでした。

津川　それは大変な経験ですね。気づいたあとの方が大変かもしれません。

内海　自分のことを理解しはじめると、逆に苦しさが増えてしまうということがあります。時間が経てば対処法も身につけられるようになりますが、わかった当初は相当に苦しいだろうと思います。

津川　混乱したり抑うつ的になったりもして、それらを否認して立ち直る人もいるかもしれませんが、きっとそのまま立ち直れない人もいますよね……

内海　一般にＡＳＤは、余白が乏しく、融通が利かず、こだわりが強いと理解されていますが、「同一性保持」といった言葉ではなく、「想像力の障害」の概念を豊かにした方が、ＡＳＤの世界にもっと近づくことができると思います。

4　コミュニケーションの障害――固有の言語系

内海　三番目が、「コミュニケーションの障害」です。コミュニケーションというと漠然としていますが、ＡＳＤには固有の言語系があると考えてみるとわかりやすいと思います。ＡＳＤは、ある意味、外国語を学ぶように母語を習得していきます。

津川　私たちがフランス語を学ぶように日本語を学んでいるということでしょうか？

内海　そういうふうに考えてみることによって、彼らとのコミュニケーションの場面で、戸惑うことが緩和されると思います。われわれは通常、辞書も文法書もないところから、周りにいる大人たちや兄弟姉妹、あるいは近所の遊び仲間とやりとりをしながら言語を習得していきます。つまり、まずはともかくも言葉を使うことによって、言語というシステムを身につけます。一方、ＡＳＤでは、私たちが単語や文法を学びながら外国語を独習するように、母語を習得していくと考えてみる。

津川　そもそも他人からの働きかけに気がつきにくいから、必要なやりとりが成立しないなかでの言語習得は、外国語の学び方と似ている――仮にそう置いてみるということですね。

内海　おっしゃる通りです。自分の考えを機械的に言葉に翻訳して伝えているとしたら、相手に伝わったとか、言いたいことが言えたといったコミュニケーションのベースにある大切なものが抜け落ちている可能性があります。

津川　実際、「おはようございます」といった挨拶でも、若干ぎこちない言い方をする人もいらっしゃいます。やりとりをしている実感がないということでしょうか？

内海　「私の考えは斯々然々《かくかくしかじか》です」「私は今こんな感情をもっています」と情報として伝えることはできますが、「話せた」とか「聞いてもらえた」という実感に乏しい。それはおそらく他人とのやりとりの回路が希薄だからでしょうね。

津川　相手が受け取ってくれたという実感も乏しいのですね……

内海　自分の考えや気持ちというものは、人に話してみて初めて、そうだったのかとわかるようなところがあります。また聞いてもらえただけで、気持ちが楽になることもあります。ちなみに、アレキシサイミア（失感情症）のなかには、ＡＳＤの事例もかなり多く含まれていると思います。

津川　先ほどの例を用いるとしたら、「ちょっといいですか？」と言って相手が来てくれたら満足するし、それで問題が解決しなくても飛んで来てくれただけで報われるし、信頼関係も生まれる。そういう相互行為（interaction）が成り立ちにくいということですね。

内海　そうです。ＡＳＤのクライエントのなかには、自分のことを語れる人はけっこうおられます。切実にその痛々しさがこちらに伝わってくることもあります。ただ、それでそのつらさがわかったつもりになることには注意が必要です。文言だけをみれば、しっかり言語化しているのに、彼らには言えたという実感も、伝わったという実感もなく、毎回同じフレーズが繰り返され、面接が進展しなくなるようなことも起こります。

津川　同じ言葉が繰り返されてループする……

内海　あるいは、前回から今回までに起こったことを業務報告のように話すだけで、面接が終わってしまう人もいる。次第にこのクライエントが何を求めて来られているのか、わからなくなるようなケースもあります。

津川　ありますね。いつ何をしたのかきっちりメモして報告してくださるけれども、ニーズがわからない事例にはしばしば出会います。援助者が想像力を拡げておかないと、ＡＳＤのクライエントの世界にふれることはできない……

内海　このあたりが見逃されやすいところかもしれません。彼／彼女たちの言葉には、合いの手を許さない、独特の浸透力があります。話すことに含みがないので、確定事項みたいな語り口になります。言われた側は、「そういうことになっているんだ」ということで、そこからどう糸口を見出せばよいのかがわからない。

津川　その「含みがない」という表現は、臨床で実感しますね。余地がないっていうか……。

内海　コミュニケーションの「余白がない」状態ですね。極端な場合は、自分の考えを当然のこととして語る総統（Führer）タイプの人もいます。そもそも「自分」というものが希薄なので、「自分の考え」のようなレベルを通り越して、御託宣のような語り口になる。

それとは逆に、言われた通りに従うような人もいます。「こうなっている」と言われると、それが浸透して、機械的に墨守《ぼくしゅ》する人は意外に多い。一見、総統タイプのようにみえる人も、意外にそうした一面をもっていることがあります。ですので、いろいろな場面で、時間を最初に設定するのも有用でしょうね。

津川　たとえば「今日の電話相談は一五分間」と先に言ってしまう。

内海　そうすると、存外、ルールを守ってくれます。おそらくそういう世界設定になるからでしょう。本人の方から終了時間が来たことを告げて、時間きっかりに終わることもあります。

こうした一連の特性を理解したうえで、面接のやりかたを工夫する必要があります。たとえば、ありきたりの受容や共感は通用しないと踏んでおいた方がよい。あるいはリフレイミングは混乱を招きやすい。通常は、自分の言ったことを、共感的に、多少なりとも言い換えてもらうと、自分の考え方がクリアになったり、別の視点が生まれたりもするものです。リフレイミングに含まれる差異によって、自分の話を聞いてくれた他者を実感もします。

しかし、ASDの世界は余白に乏しいので、他人の話を受け止める余地も乏しい。大げさに言うなら、自分の発言が言い換えられると、世界がガラリと変わったり、壊れてしまうような出来事にもなりかねない。実際、ちょっと表現を変えて返しただけでも、「違います」と訂正されたり、スルーされてしまうようなことに、しばしば遭遇します。もちろんリフレイミングがまったく機能しないわけではない。ただし、ごく微量の「処方」に留めるべきでしょう。

津川　実際の面接で大切なことを伝えてくださり、ありがとうございます。

5　自己への目覚め

津川　ここまでＡＳＤの「三つ組」のそれぞれについて詳細にうかがってきました。ご説明を聞けば聞くほど、自らの特性に気づいたとき、ご本人はきっと愕然《がくぜん》とするでしょうね……。

内海　ＡＳＤの人が、いつ頃物心《ものごころ》がつくようになるかは諸家によって見解が異なりますが、いずれにせよ、その時が来ると、他人の存在に気づくとともに、自分に目覚めることになります。定型発達群に比べると、スタートは圧倒的に遅い。それゆえさまざまな困難が待ち受けています。そのうえ、定型発達群には、発達段階に応じた養育の環境が整備されているのに対して、異なる発達軌道をとるＡＳＤの場合、その時々の発達課題と環境にギャップが起こります。

津川　たとえば、「ギャングエイジ（gang age）」(5)には相応の発達課題があると考えられていますよね。

内海　はい。それに加えて、発達課題が一度に押し寄せるということがあります。アタッチメント形成と同時に、アタッチメントからの分離個体化という課題に直面し、依存すると呑み込まれ、分離個体化すると孤独に陥る。それまでは単に一人の世界だったのに対して、孤立していることに気づくことになります。あるいは、母親が甘えの対象であると同時に、性愛対象ともなりうるといった具合に。

遅ればせに自己が目覚め、発達課題に直面するとき、周囲と齟齬を起こすようになり、しばしば独善的で身勝手なようにみえることがあります。というのも、もともと彼らの世界は、自分も他人も含めて「地続き」であるという構造があるからです。他人を気遣うことができません。他方で、実は、個としての自分がしっかりあるわけではない。むしろ個としては脆弱です。ですから、独善的にみえる人でも、いざ「あなたはどうなの？」と問われると、腰砕けになったりもします。

いわゆる「空気が読めない」ことも、遅ればせの目覚めと関係しています。「暗黙のルール」とは、仲間同士でじゃれ合ったり、喧嘩したりしながら、身につけていくものです。それは地続きの世界では身につかない。また、「暗黙のルール」は、暗黙であるがゆえに、周囲もなかなか教えられない。「ここはこうするものだろう」「そんなことがなんでわからないの？」などと、つい苛立つことになります。

他方、後天的学習で、ぎこちないながらも、ルールを習得していく人たちもいます。女性の事例に多いようです。素朴に「空気が読めない」などを診断基準としていると、見逃されることになります。

「自分」というものの機能を改めて考えてみると、ひとつは「経験を束ねる」こと、もうひとつは「状況を俯瞰する」ことです。いずれもASDは苦手です。前者は、自分を起点に経験を構成することであり、それによってそこで起きていることがまさに自分が経験していることだと実感できるようになります。後者は、自分がどのような状況に置かれているのか、その文脈を把握することです。文脈を知るには、現場から身を引き離してみることが必要であり、想像力の問題とも関連するところです。

津川　経験を自らに落とし込めず、そもそも自分を俯瞰することが難しい……

内海　そうです。

津川　インタラクションもないから「自分」が立ち上がらず、頑固にみえるだけで「自分」は小さく弱い……

内海　ええ。他人とのかかわりのなかで、「自分」というものが析出《せきしゅつ》するということが希薄だったのだろうと思います。他人からの志向性を浴びると、パニックになることも影響しているのでしょう。

6　抑うつと不安・緊張

津川　このところ、二次的に抑うつ的になった成人のＡＳＤクライエントが多く来談されます。薬物療法で抑うつ症状が軽減したとしても、社会で生きていかなければならなくて、みなさんそこで困っておられる。本質は変わらないまま、後天的学習を駆使して社会で生きていくその方を手助けする――支援の目標はこういったイメージにならざるをえないのでしょうか？

内海　一般外来を受診するのは、適応障害をベースにした人がほとんどです。自分に目覚めたとき、定型発達者が構成する圧倒的なマジョリティに取り巻かれていた……まずはそういうイメージで捉えるとわかりやすいと思います。

適応障害から生じる代表的な症状としては、おもに抑うつと不安・緊張です。抑うつのパターンにはいろいろあります。代表的なものをあげると、ひとつは、自分に欠けていたもの、あるいはみんなはとうに知っていたのに自分は知らなかったことに気づくことによるもの、そして、もうひとつが孤独です。他人というものの存在に気づいても、かかわるすべもわからず、にわかに孤独になる。

津川　たとえば、教室の外で、ひとりでパンを食べている大学生とかいらっしゃいます。孤独ですよね。

内海　そうですね。孤独といっても、彼らにとって初めての経験です。それまでのaloneness（ひとりでいること）がloneliness（孤独）に変わったのですが、自覚できていないことも多い。言語化もされにくい。しかし、精神病理を把握しておけば、そうなるのがあたりまえだとわかります。

津川　一種のメカニズムを仮説として置けるので、それは、とても大事なことですね。ただ単に、職場に合わないからうつになったという理解のみだと、環境調整だけがクローズアップされて、サイコセラピーにならなくなってしまいます。もちろん、環境調整はとても大事ですけれども……

内海　そして、自分が孤独だと気づいた途端、それまで視野に入らなかった他人が圧倒的な存在として登場してきます。

津川　突然、他者が立ち上がってくるんですね。

内海　しかも、彼らは暗黙のルールを共有しているらしいが、自分は知らない……こんな状況が、突如襲ってくるわけです。

津川　それは圧倒される経験ですよね……

内海　そうですね。こうしたことは、不安・緊張あるいは被害感などの二次症状ないし二次障害の源泉となります。

津川　ＡＳＤの不安・緊張は、定型発達のクライエントのそれとは随分違いますね。本人は不安なのに外からはまったくそうみえない……うまく言語化できないのですが、どう捉えたらいいでしょうか？

内海　ご指摘の通り、定型発達の不安・緊張と違って、あまりこちらに伝わってこないですよね。そうかと思うと、突然、パニックを起こしたり、あるいは妙な表現ですが、静かにパニックになっている場合もあります。ベタなやり方になりますが、問診風に聞いてみるとか、先ほどお示ししたような図式的な理解を呈示してみるとか……

津川　つまり、定型発達の不安・緊張は身体的に現れやすいけれど、不安・緊張そのものが表に現われないこと自体にＡＳＤの不安緊張の特徴がある、ということでしょうか？

内海　つねにそうとは限りませんが、見逃されやすいので、強調しておきたいと思います。抑うつの場合も、起き上がれなくなって寝込んでしまうとか、症状が物理的に現れる傾向があります。気分性や身体性がはっきりしない。

津川　わかります。急に動けなくなってしまいますよね。悲しい様子にみえない、でも本当は気分性のものが渦巻いているかもしれないと、ここでも仮置きしておく必要がありますね。

7 「こだわり」と強迫

内海　不安・緊張と同様に、ASDの場合、強迫も少しニュアンスが違います。

津川　「こだわり」という言葉だけで捉えようとすると混然一体になってしまうので、ぜひ詳しく教えていただきたいです。

内海　いくつかのパターンがありますが、局所のことだけで視野がいっぱいになってしまって、そこにスタックしてしまうことが多いようです。あるいは、先ほど言ったように、ピースがひとつ異なっただけで、世界が崩壊するかもしれないという恐怖に由来するものであるとか。そして、神経症と違って、いわゆる「非合理性の意識」が希薄です。「どうしてこんな些末なことにこだわらなくてはならないのか」という、馬鹿馬鹿しさは感じていないことが多い。

津川　自我違和的（ego-alien）と言われるものですね。

内海　ASDの場合には、総じて、自我違和性は希薄だと思います。

津川　そうしますと、かつて強迫性障害とされていたクライエントで、自我親和的な(ego-syntonic)強迫性障害と言われていたクライエントとの違いを、どう捉えたらいいのでしょうか。たとえば、デパートでエレベーターの押しボタンを肘で押している。たくさんの人が見ているのに、家族もいるのに、なにごともないように肘で押している(コロナ前の例ですが)。別の例を出せば、庭に咲いている花をきちんと揃えて植えないと気が済まなくて、外からも作業が見えるのに、周りの心配をよそに本人は別に困った様子がないタイプのクライエント、つまり、そこに苦しみが生じないタイプの強迫はどのように理解できるでしょうか。

内海　そうしたケースは、ＡＳＤに該当する可能性があります。

津川　もしかすると、かつて広義の強迫性障害と言われていた人たちのなかに、ＡＳＤに近い方がいるのでしょうか？

内海　一度見直してもよいかと思います。ちなみに、先ほど例にあげておられたクライエントは、自身では介入を求めなかったのですよね？

津川　ご本人からの依頼はありませんでした。こういう方々が自ら面接に現われることはなく、困った家族が来談される場合がほとんどです。先ほどのデパートの例でも、家族が困るわけです。みっともないとか、うちのお母さんは肘でボタンを押していて、

「やめて」と言っても、まったくどこ吹く風で、ご家族が困る。いずれにしても、ASD系統の「こだわり」をもつ人たちは、すでに自分の世界ができあがっていて、ゆえに自我違和感が少ないということでしょうか？

内海　というより、葛藤というものの起点となる「自分」が希薄なのだろうと思います。ただし、彼らに「自分」が芽生えてくると、必ずしも自我親和的とは言えなくなります。

8　気にかけてくれている他人がいること

内海　これまでの話を踏まえて、治療や支援の前提について触れておくと、地味ですが、環境調整と体調管理は必須です。

津川　環境が変わると、がらっと変わる方がたくさんいらっしゃいますから、環境調整の重要性は身に染みて実感します。

内海　ＡＳＤは定型発達者以上に、心の状態が体調に影響されるのですが、そのことに気づいていない事例は多い。

津川　自分の体調に関心がないというか、つぶさに語れない人も多いですよね。

内海　だからいきなり寝込んでしまったりもする。

津川　まるでエネルギーが切れたみたいに……体調が悪くなる直前の感覚があまりないのでしょうね。

内海　ですので、体への気づきを促していくことが重要になってきます。気づくことができれば、自分の状態の指標にもなります。

津川　本人が嫌いでなければ運動を勧めるのもよさそうですね。内海先生は以前、私が担当しているクライエントには乗馬がいいんじゃないかと、私に勧めてくださいましたね。

内海　人間以外の生物へのチューニングがよい人はたくさんいます。植物や動物は、心という屈折がないので、ダイレクトな共振が可能です。ネコの方から寄ってくるような人もいますね。まあ、私なんかは必ず避けられます……邪心がわかるのでしょうね（笑）。

津川　臨床実感としても伝わってきます。動植物には慈しむ感覚が芽生えるのでしょうね。環境調整と体調管理に加えて、心理支援で大切な点はあるでしょうか？

内海　端的に「成功体験」ですね。

津川　成功体験が必要なのですね。特にどのような観点から大切になるのでしょうか。

内海　身も蓋もない話ですが、やはり成功体験の有無は大きな予後因子です。たいていの事例では能力のプロフィールに凸凹があります。しかし本人が気づいていないことも多い。それを利用しない手はないと思います。

津川　人間関係上の成功体験でなくても、クライエントのストロングポイントの範囲内で成功体験があればいいわけですね。

内海　私がまだＡＳＤ概念になじんでいない頃に経験した、ある中年男性の事例を紹介しましょう。彼は、ファストフード店を解雇されたということでやってこられました。その後も定期的に通われるのですが、何を求めて来ているのか、一向によくわからない。どことなくくすんだ感じの人でした。適応がうまくいかない背景に知的な問題はないのだろうかと考え、ＷＡＩＳをオーダーしたところ、予期に反してＩＱが一二〇以上あり、凸凹のプロフィールが認められました。家族歴をあらためてチェックすると、親族には工学系の分野で活躍している人が何人かおられたのです。

彼自身も、自分が理系の方に適性があることは知っていたのですが、「人とかかわる仕事をしたい」ということで、長らくツアー・コンダクターをやっていたとのことでした。苦労されたと思うのですが、本人はそれほどでもなかったと言います。それでも彼のくすんだ感じは、そのことをうかがわせるものでした。そして、検査の結果を示したうえで、今後はできれば得意な分野を仕事にするように勧めました。彼もなんとなく得心がいったようで、ほどなく簿記の学校に通いはじめました。少し笑顔がみられるようになり、その後、私の手を離れていかれました。

この事例の男性のように、人への関心をもつＡＳＤの人は少なからずおられます。ただ、それはあまり本業にしない方がよい。

津川　「自分」が希薄という、先ほどの話にも通じますね。

内海　他方で、「自分」というものの容量が少ないから、成功するとその影響は大きい。もっとも、インパクトファクターやちょっとした肩書で、自分は偉いと勘違いして、にわかに尊大になるのも困りますが。

津川　「自分」の容量が少ないから、小さな成功でも大きなリターンがある。環境を変えたり、体調を整えたり、ストロングポイントを活かして成功体験を増やしていくことを大事にして、心理カウンセリングで一緒に歩むという地道な努力に効果があるわけですね。

内海　そうですね。これもまた地味なことですが、年単位で付き合っていくと、関係性のようなものが育ってきます。

津川　成人だからといって伸びしろはゼロではないし、穏やかに落ち着いて暮らしていくことは、ゆるやかだけれども確実な効果がある。

内海　自分を気にかけてくれる人がどこかにいるということは、思いのほか大きいのではないでしょうか。

津川　たしかにそうですね。私もあるとき、「僕のこと、心配してくれてたんですね！」と驚いた顔で言われたことがあって……担当カウンセラーだからずっと心配しているに決まっているんですが、あるとき突然気づいたようで、ご本人には新鮮だったようです。きっとあの瞬間のような感覚ですね。

内海　適切な距離感覚をもって付き合っていけば、おのずとそういった結果になると思います。ただし、距離が近すぎると混乱を与えかねません。距離感が見失われると、イレギュラーなことが起こり、境界性パーソナリティ障害と誤診されるようなことも起こります。いわゆる「重ね着症候群」と呼ばれたものですが、症候群ではなく、誤診です。こうした事例のなかには、いったん何らかの事情で治療関係から離れると、大混乱があっさりと落ち着くようなこともあります。

このことは、危機介入にも使えます。クライエントが混乱しているとき、現場から引き剥がしてみる。一人暮らしの大学生なら、実家との関係が悪くなければ、一週間でも日帰りでもいいから、帰省してみる。鉄道に乗ってどこかへ出かける。あるいは部署を変えてみる。すると、あたかも何もなかったかのように落ち着くこともあります。

根本的な解決になっていないと思われるかもしれませんが、こうした「その場しのぎ」をおろそかにしないことです。とにかくサバイバルを心がける。大きな傷つきがなければ、時間は、彼／彼女たちにとって決して不利には働かない。

津川　大人に限らず子どもでも、ＡＳＤのクライエントにとって「場」を変えることは大事ですよね。部屋を変えるだけで混乱が収まる子どももいます。技法を凝らした心理カウンセリングもさることながら、地味な取り組みを根気強く積み重ねて、大きな傷つきが起こらないようにサバイブしてもらうことが当面の目標になるのですね。

内海　そしてそのとき精神病理学的な理解を携えておくと役立ちます。起きていることのメカニズムがわかるので、その分、余裕をもってサポートできます。

津川　ここで教えていただいたさまざまな仮定を置いてみるだけで随分違います。「体調を整える」ことひとつを取っても、一般論を説教のように伝えることが避けられますから。

◉ 注

1——Kanner（1943）, Asperger（1944）
2——Wing（1981）
3——Wing（1988）
4——Baron-Cohen et al.（1985）
5——小学校の中学年頃から同性で仲の良い四〜五人からなる閉鎖的な仲間集団を形成して遊ぶようになる時期のこと。心理学用語。

◉ 文献

Asperger, H.（1944）Die 'Autistischen Psychopathen' im Kindesalter. Archiv für Psychiatrie und Nervenkrankheiten 117 ; 76-136.

Baron-Cohen, S., Leslie, A.M., & Frith, U.（1985）Does the autistic child have a "theory of mind"?. Cognition 21-1 ; 37-46.

Kanner, L.（1943）Autistic disturbances of affective contact. Nervous Child 2 ; 217-250.

Wing, L.（1981）Asperger's syndrome : A clinical account. Psychological Medicine 11-1 ; 115-129.

Wing, L.（1988）The continuum of autistic characteristics. In : E. Schopler & G.B. Mesibov（Eds.）Diagnosis and Assessment in Autism. New York, Springer, pp.91-110.

◉ 参考文献

Frith, U.（2003）Autism : Explaining the Enigma, 2nd Edition. New York, Wiley-Blackwell.（冨田真紀・清水康夫・鈴木玲子＝訳（二〇〇九）『自閉症の謎を解き明かす』、東京書籍）

内海健（二〇一五）『自閉症スペクトラムの精神病理——星をつぐ人たちのために』、医学書院

Wing, L.（1996）The Autistic Spectrum. London, Constable & Robinson Ltd.

第一〇章　発達障害2（ＡＤＨＤ）

サバイバル

1　プロトタイプとしての子ども

津川　ここからはＡＤＨＤ（Attention-Deficit/Hyperactivity Disorder／注意欠如・多動症）についてうかがっていきたいと思います。ＡＳＤに劣らずＡＤＨＤは心理士でもお会いすることが多いです。精神病理学からのＡＤＨＤ論をぜひお聞かせください。

内海　今回も、青年期・成人期事例を中心にお話しします。正直なところ、ＡＤＨＤについては、コアになる精神病理を、私自身、十分に把握できているわけではありません。ひとつの理由は、ＡＳＤの場合には、カナーやアスペルガーに代表される古典があるのですが、ＡＤＨＤの場合には見当たりません。

津川　これを読んでおけば、みたいな古典ないし原典がない。

内海　まったくないと言ってよいでしょう。最近になってクローズアップされたからということもあると思います。ただ、それだけでなく、精神病理が語られないのはＡＤＨＤの何か本質にかかわることかもしれません。

津川　本質にかかわるとはどういうことでしょうか？

内海　ＡＤＨＤは、本来、児童・小児の問題です。プロトタイプはそこにあります。その場合、行動観察による定量的な把握が基本になります。本人がどういう経験をして、どのような世界にいるのかは、あまり問題にされないし、なかなかわからない。

もっとも、それだけならば、ＡＳＤの場合も同じです。ただし、ＡＳＤの場合には、定型発達者に与える異質性が強い。それだけ精神病理に関心が向けられます。それに対して、ＡＤＨＤに現れる現象は、誰にでも思い当たるようなところがあり、自分たちの経験の延長線上で理解可能であるようにも思えます。また、天衣無縫《てんいむほう》、飽きっぽい、いきあたりばったり、直情径行《ちょくじょうけいこう》といった「子ども」のあり方が誇張的に現れていると考えられなくもない。もっとも、子どものあり方も大分変わってきてはいるようですが。いずれにしても、そこには大人が子どもをみるような視点が入り込んでいる。

津川　「不注意」ひとつを取っても一度も経験したことがない人はいないですし、人生で何かを「先送り」にしたことは誰にでも経験がありますよね。

内海　不注意、先送り癖、スケジュールの破綻、そそっかしい言動など、いくらでも経験がありますよね。

津川　ところで、最近のトピックスとして、二〇一五年以降、立て続けにコホート研究が発表され、青年期・成人期に事例化する、いわゆる「大人のADHD」と呼ばれるものがあることがわかってきました。

内海　それはいわゆる「遅発性ADHD」と呼ばれるもので、気づかれず診断もされていなかった事例ということでしょうか？

津川　見逃されていたのか、それともその時点になって、環境の変化などによって発症したのかは明らかではありません。

内海　それまで存在しなかった症状が突如立ち上がったのかもしれなくて、わからない部分は多いけれど、症状に困っている人たちの姿がみえてきたということですね。

津川　有病率は、成人の場合、ASDは一％、ADHDは二・五％とも言われます。

内海　誰にも当てはまるから過剰診断傾向が言われるのではなく、クライエントのなかに潜在していたということでしょうか？

内海　カットオフ値をどこに設定するかという問題や、質的なものが把握しにくいという困難もあるのですが、そのあたりはよくわかっていません。

津川　チェックリストの「不注意ですか？」という質問に「はい」と答えていたら、かなり多くの人が当てはまってしまいますよね……

内海　まさにそうです。DSM－5で歯止めになっているのは、「複数の場面」で基準が満たされるとしているところでしょうか。たとえば、家庭と学校の両方の場面で当てはまるというように。

過剰診断されやすいもうひとつの理由は、薬物療法の存在です。もちろん、全例に有効であるわけではないのですが、エフェクトサイズはそれなりに大きいものがあります。私がADHDの精神病理にこだわるひとつの理由は、見逃した場合、クライエントに薬物療法という選択肢を失わせてしまうので、それでは申し訳ないということがあります。

大人のADHDの場合は、小児と違って、多くの場合、本人が困って受診します。彼らは概して、内省が苦手です。それでも、ある程度、自分のことを語ってくれます。そこから彼らがどのような世界に棲み、どのような経験をしているのかが垣間見えてきます。

津川　臨床的な印象ではありますが、人なつっこいクライエントが多いですよね。黙ったまま何も言わないのではなく、質問すれば多弁に語ってくれる、けれども、自分を掘り下げる内省が得意ではないクライエントが多いという印象が私にもあります。

内海　「人なつっこくて承認欲求が強い」というのが定番ですね。

津川　承認欲求が強いということは、誰かに認めてほしいということですね。

内海　褒めると素直に喜ばれたり……

津川　嫌味な感じだったり、腹黒い感じは、あまりみられないですね。

内海　架空の人物ですが、福本修先生は、夏目漱石の『坊っちゃん』の主人公「おれ」を参照枠としてあげています。子どもがそのまま大人になった感じでしょうか。実際には、大人になると「多動・衝動性」よりも「不注意」が優位になることが多いと言われます。

津川　大人になると、子どもであれば教室で歩き回るといったことは少なくなり、仕事上などの不注意が目立ってくるということですね。

2　DSMの文化結合性

内海　ADHDには古典がないので、DSMに依拠することが多くなります。実際にDSM－5のクライテリアを読んでみると、雑然とはしていますが、それなりにADHDの実態を反映したものになっています。

大人で優位になる不注意症候の診断基準をみてみましょう。かなり高額の掲載料が発生するので、表は省きます（笑）。各自、本などを参照してください。羅列されたクライテリアを眺めてみると、DSM－5において、何が注意機能として考えられているのかがわかります。ひとつは「焦点化（focalization）」であり、もうひとつは「実行機能（executive function）」です。焦点化とは余計な刺激やノイズをカットすることであり、実行機能とは、物事をなす際に、事前に計画を立て、要領よくやりくりしながら、寄り道もせず、最後までやりぬくことです。

最近では、Triple Pathway Modelと呼ばれる神経生物学的仮説があり、実行機能系、報酬系、時間処理機能という三系統の障害がADHDを構成しているとされています。[1]多少うがった見方かもしれませんが、DSM－5のクライテリアは、現代のアメリカ社会において、ビジネスで成功する人物像の陰画《ネガ》になっているように思われます。

津川　羅列された項目を満たしたら、たしかにビジネスで成功するのは難しくなるでしょうね。

内海　余談になりますが、「大人のADHDの人たちには、頼まれたら断れず、それによってスケジュールが破綻することがよくあります」と話したとき、ある専門家に「それは報酬系の障害です」と指摘されたことがあります。つまりこういうことです。「断る」というのは彼らにとってつらいタスクであり、それを回避することは、当座の報酬になります。しかし、その結果として、スケジュールがパンクして、遅延報酬を得ることに失敗しているのだというわけです。

こんなエピソードを紹介したのは、神経生物学的説明だけでは、本人の立つ瀬がないだろうと思ったからです。お人好しで人に頼まれたら嫌とは言えない気性、断るときの切なさに耐えられないやさしさ、といったものすべてを、そのように書き換えてしまってよいものなのだろうか、と思うのです。もちろん、今の世知辛い世の中で生きていくためには、最小限の処世術を身につけてもらわないと、傍で見ているものはいたたまれないのですが。

津川　とても臨床的ですね。

内海　その人の特性が適応に有利か不利かは相対的なもので、置かれた状況によって変わります。デスクでは昼行灯《ひるあんどん》のようなのに、事故現場や救急医療などでは、水を得た魚のようになる人もいます。また、アーティストなどは多少ＡＤＨＤ的特性があった方がクリエイティヴだろうと思います。今さら検証はできませんが、モーツァルトやピカソなどが範例としてあげられるでしょう（図❶）。

津川　不注意でビジネスに向かない人とみるのではなく、言葉が難しいですが、天真爛漫な人たちだから良いところもたくさんある。

内海　当然のことながら、診断基準には長所は書かれていません。場合によっては長所になるという視点もありません。こうしたことは、臨床家が自分で補うものです。

　たとえば、ＡＤＨＤには「過集中」という特性がしばしばみられます。これなども、状況に応じて長所にもなれば、短所にもなります。それ以外

図❶　ヴォルフガング・アマデウス・モーツァルトとパブロ・ピカソ

にも、ＡＤＨＤの優れた点としてあげられるのは、度胸がよいこと、倒れても立ち上がる強さがあること、人のために一生懸命になること、勘のよさ、創造力などがあります。こうした視点は医学では抜け落ちがちで、むしろ心理の方から指摘されることが多いように思います。[2]

３　ＡＤＨＤの臨床像を豊かにするのは女性例である
——「恥のクローゼット」

内海　ＡＤＨＤの人は、基本的に、「人なつっこくて、承認欲求が強い」と言いましたが、これはおもに児童の場合です。もちろん、青年期・成人期に至っても、そのままの人もいます。ただ、社会や対人関係のなかで揉《も》まれていくと、そうはいかないことが多いものです。

　そのなかには、抑うつ的であったり、強迫的であったりなど、プロトタイプとはかけ離れた人もいます。強迫とＡＤＨＤは、一見、相容れないようにみえます。しかし、衝動性という本性（ネイチャー）は、いずれ対人関係（カルチャー）のなかで齟齬をきたして、叱責されたり、仲間はずれにされたり、あるいは失敗したりするようなことが起こります。そうなると、それをコントロールしようとして、強迫的機制が発動されてもおかしくはありません。

ＡＨＤＨの場合、そのつどの刺激に逐一反応しがちであり、環境から自律した自分というものの発達が、定型発達者よりも遅れます。この場合の刺激とは、外からのものだけでなく、思いつきや気分・感情など、自分の中のものも含まれます。しかし、遅ればせに自分が芽生えてくるとき、いかにも自分が子どもっぽく感じられます。そのとき、彼らをみまうのが羞恥です。

サリ・ソルデン（Sari Solden）は、女性のＡＤＤ（注意欠如障害）について、「恥のクローゼット」というキーワードを提示しています[3]。日本も米国も、世の中は、ＡＤＨＤの特性に対して、社会は圧倒的に男性の方に寛容です。忘れ物や遅刻、あるいは多少乱暴だったり、だらしない服装をしているのは、男性なら「よくあること」と許容されがちです。

しかし、女性の場合はそうもいかない。普通の女の子のように見せるために、ひそかにクレイジーなまでの努力をしている。そして疲弊してしまう。家に帰ると倒れ込んだり、過食嘔吐に走ったりすることにもなる。女性の事例は、平板になりがちなＡＤＨＤのイメージを豊かにするものとして、もっと重視してよいと思います。

津川　重要なご指摘ですね。ちなみに、ＡＤＨＤと強迫の関係は、実際どのようなものになるでしょうか？

内海　自分の世界が組織（オーガナイズ）されていない、ということが基本にあるのでしょうね。

津川　どこか言動がばらばらとしているわけですね。

内海　話も行動もとっちらかりがちなので、ちゃんとまとめあげなくてはならない。「普通」にみえるように人一倍努力しなくてはいけなくなる。強迫に至る経路を二つあげるなら、ひとつは不注意による失敗に懲《こ》りたがゆえの強迫、もうひとつは自分の衝動性に対する脅えからくる強迫でしょうか。女性では、思いついたことを口に出して、顰《ひん》蹙《しゅく》をかったり、仲間はずれにされたことがきっかけになったりします。

津川　言わなくてもいいことを実際に言わないようにして強迫が発動する。

内海　自分に箍《たが》をはめるとでもいうのでしょうか。

津川　不注意ゆえの強迫については、たとえば、女性だと髪型がばらばら乱れているのは、とてもよろしくないとされるから、髪型を整えるために朝から何度も試みて遅刻してしまう、といったものにつながっている。

内海　そうですね。髪いじりとかも。

津川　揃っていない髪を引き抜いてしまうのは、「普通の女性」らしくあろうとした強迫の結果ということですね。実際、ほかにはどういったディフェンスが考えられますか？

内海　行動をワンパターン化してしまう場合もあります。たとえば、それなりに仕事ができる方でも、あまり深掘りしないで、ささっと作業を終えてしまったり。端からみると、もうちょっと立ち止まって考えた方がいいと思うようなところでも、割り切りが早い。親切心を出して、指摘してあげても、表面的な受け答えでスルーされてしまったりします。

津川　衝動性が高いということは、物事に取りかかるスピードが早いわけですよね。救急現場に即座に駆けつけるといったように。でも、そういった自分の傾向に気づいてショックを受けることもあるのでしょうか？

内海　悪意なくやっていたことが、対人関係のなかで「やらかし」になってしまうと知って、ショックを受けることもあります。

津川　評価されるはずの特徴なのに、それがあるから自分は余計なことを言って人を怒らせたりもする、だから押さえなくてはならないと、さらに強烈な羞恥心が働く……こういったことの繰り返しが行動のパターン化につながるんですね。

内海　発達障害には変節点（Knick（独））がないと言う専門家もいますが、大人のＡＤＨＤの人の話を聞くと、ある時点から、にわかに変わっていったと述懐する人がかなりおられます。学校で、クラスメートがなぜだか自分から離れていったとか、すばらしい級友と出会って自分が恥ずかしくなったとか。

津川　「変節点」というのは、自分の特性に気づく瞬間といった意味でしょうか？

内海　そうですね。ＡＤＨＤの場合には、それまで素のままで生きていたところから、別の生き方にモード・チェンジするというようなイメージです。

津川　ＡＳＤやＡＤＨＤの特性はずっと変わらないと考えられているけれど、変節点を迎える方も少なくない。ＤＳＭのクライテリアをみているだけでも、ＡＤＨＤのクライエントは社会のなかで生きづらいだろうと想像ができます。

4　支援の実際

内海　ＡＳＤの場合と同様に、ＡＤＨＤでも、生活上の困り事や生きづらさが臨床上のテーマになります。その際、自分の特性に気づいてもらうように促しますが、あまり内省は得意ではありません。

津川　それは普段の臨床でそう思います。

内海　なかには「内省強迫」のようになる人もいます。いずれにしても、あまり内省を基本にしたサイコセラピーは向きません。その前に、これも地味なことになりますが、体調管理、より積極的に言うなら、身体のコンディション作りが大切です。まずは食事、運動、睡眠など。

津川　過集中があったりするので、睡眠は容易に乱れたりしますね。

内海　睡眠・覚醒リズムがうまくいっていない事例はかなり多くみられます。自分に合ったリズムを探っていくのがいいでしょう。学生なら一限目をとらないとか。ただし、社会のリズムに合わせる必要もあるので、悩ましいところです。

津川　仮に自分のリズムに合った時間帯に授業を受けられるなら大学に通えるとしても、大学は九時から一限が始まってしまうことも少なくないですから……

内海　メラトニンなどを使って、睡眠・覚醒リズムを調整する手もありますが……

津川　ワークに取り組んでもらって自分のリズムを捉える方法も有効でしょうか？

内海　そうですね。睡眠リズム表を記録していけば睡眠パターンもわかってきますし、また本人に活動的な時間帯を聞いていけば、その人なりのリズムも徐々にみえてくる。

津川　つくづく社会は不自由ですね……

内海　ええ、本当に……ちなみに女性の場合は、生理不順にも気をつけたいところです。PMS（Premenstrual Syndrome／月経前症候群）やPMDD（Premenstrual Dysphoric Disorder／月経前不快気分障害）などがあっても、対処していなかったり、気づいていないこともあります。

津川　ADHDに限らず、女性の生理不順の把握は重要ですね。生理のリズムが極端に狂っていて、そこから抑うつ的になる人もいらっしゃいますから。

内海　感覚過敏も見落とさないようにしてあげてほしいですね。それによって疲弊・消耗している人がかなりいます。しかも感覚過敏の存在に気づいていないことが多い。というのも、感覚は他人と比較することが難しいからです。こんなものだと思っている。他方で、いったん気づくと気になって仕方がないということになりがちです。適切な対処法を一緒に考えてみるとよいと思います。前回の補足になりますが、このことはASDにも該当します。

津川　感覚過敏に関して面接でアセスメントすることは、だいぶ知られるようになっていますが、感覚過敏は種類が多いですから気をつけたいですね。

内海　そして、たいていのADHDのクライエントは、自尊感情（self esteem）が低い。痛々しく感じることも稀ではありません。このことはカウンセリングにあたって、つねに念頭においておくとよいでしょう。本人にとって、一番大きな損失と言ってもよいかもしれません。
ですから、つねに特性のもつポジティヴな側面に目を向けておく。たとえば衝動性なら、機敏である、勘が良い、度胸があるなど。そそっかしい、粗暴、突拍子もないなどと、ついネガティヴな評価になりますが、そういった一面的な理解に陥らないように心がけるとよいと思います。

津川　衝動性ゆえに爆発的に仕事をすることがありますよね。

内海　今の世の中は、フラットかつコンスタントに仕事することを求めることが多いので、窮屈ですね。うっかり失言すると、すぐコンプライアンス問題になったり。

津川　漠然と「生きづらい」ということではなく、「九時五時の世界観」に合わないといった理由がわかれば、自己理解につながる。

内海　実際、フリーランスで働くことを試みて、うまくいった事例もあります。同じ人と継続的に会わなくて済むのがよいとのことでした。

津川　生きづらさの理由がわかったからこそトライもできる……貴重な試みですね。

内海　失敗しても、それは貴重な所見であり、またやり直せばよい……そんなふうにサポートしてあげるとよいと思います。

津川　そう思います。一般に、常勤職を辞めてフリーランスになることは評価されることばかりではないかもしれないけれど、そのようなトライをするに至った気持ちが、心理士をはじめとする援助職がわかることには大いに意味がありますよね。

内海　本来のネイチャーに対して、人間関係や社会が深刻なダメージを与え、その人らしさをなくしていくことも起こります。内省が苦手なことはお話ししましたが、他人への気遣いも、本人を消耗させることがあります。

覚えておくとよいと思うのは、彼らが変化に敏感だということです。変化というよりもっとミクロな動き、「微分」といった方がよいかもしれません。ちょっとした変化を察知する、そしてすぐに反応する。これについては「狩猟民的特性」などと言われ、彼らの秀でたところです。

しかし、ソーシャルな場面では失調しやすい。たとえば、人の表情などを気にしはじめると、きりがなくなります。「気分」という大まかなつかみではなく、粒子のような細かな動きを察知している。初動に反応して、振り回され、疲れ果てることになります。勘違いのこともありますが、当の相手自身が気づいていない感情の動きをキャッチしていることもあります。

津川　目の前にいるクライエントを描写しているようで、姿がありありと浮かびます。

5　ＡＳＤとＡＤＨＤ──二つの視点

津川　やや視点は変わりますが、ＡＳＤにせよＡＤＨＤにせよ、爆発的に増えているという指摘をどう考えたらよろしいでしょうか？

内海　これについては、いろいろなことが取り沙汰されていますが、結論的なことはわかっていないと思います。これまであまりにも気づかれずに見逃されていたということはあるでしょう。

津川　今まで見逃されていた方が発見されるようになったわけですね。特にＡＳＤとＡＤＨＤの両方の診断がつく成人クライエントが多くなっているという意見もあります。

内海　一人のクライエントのなかにＡＳＤとＡＤＨＤの両方の属性がみえるということですね。青年期・成人期の事例では、しばしば問題になります。診断基準をただ当てはめるだけなら、かなりオーバーラップすると思います。しかしできるだけ鑑別するように心がける方が、臨床家としては得るものも多いでしょう。

たとえば、「ぼんやりしている」といった所見があった場合、ＡＳＤなら、自分が置かれている状況の意味がわからなかったり、話しかけられているということがピンと来なかったりするためであるとか。ＡＤＨＤの場合には、心ここにあらずだったり、頭の中にいろいろ浮かんでくることに気を取られていたりするためである可能性があります。

あるいは「過集中」については、ＡＳＤの場合は、狭い範囲の興味にコンスタントに没頭しており、その他のことには関心をもたない、ＡＤＨＤでは新規性のあるものに強い関心をもち、それが強い刺激を与えてくれる場合には没頭するが、醒めやすくもあるというように、少し深掘りしただけでも随分異なります。もっとも、鑑別がそれほど容易ではない事例も少なくありません。しかし、両者を並列するのではなく、それぞれ両方の視点から検討してみるとよいと思います。

津川　教室でぼんやりしている生徒がいたとすれば、ＡＳＤの側面からもＡＤＨＤの視点からも理解しようと試みる。二つの特徴があるという表層的な理解に留まるのではなく、心理支援につながる見方、現実生活に役立つ支援ができるような視点をもつ……。

内海　そうですね。診断基準を当てはめて二つの側面があるとするのは生産的ではありませんし、次の一手につながりません。把握した所見の背景を考えてみることによって、心理支援のあり方を検討するとよいと思います。そうすれば、ストロングポイントがみつかることもあります。

津川　援助者を勇気づけるご指摘だと思います。特殊な技法や特殊なトレーニングが必須というわけでなく、援助につなげるという視点で、両方からの視点で丁寧に見立てさえすれば、援助者がサポートできることは大いにあるということですから。

6　固有の時間

内海　先ほどもご紹介したADHDのTriple Pathway Modelのひとつに、時間処理障害がありました。言い換えれば、社会の時間と自分の内的・身体的時間が合わない。ギャップが大きすぎて苦労されている人はかなりいます。

津川　一時間前に面接にいらっしゃったり、逆に大幅に遅刻してしまって相談できなかったりしますよね。極端な時間のギャップがあるから、途方に暮れてしまうこともあって……

内海　こうしたことはかなりダメージを与えるものです。たとえば、気がついたら試験が終わっていたとか。ある中年男性が、ようやく自分の特性をカミングアウトされたことがあります。彼はその際、幼稚園入園時の集合写真を撮るにあたって、ひとりだけ裏の砂場で遊んでおり、親にこっぴどく叱られたこと、小学校の遠足の際、休憩タイムにトイレに入って戻ってきたら誰もいなかったというエピソードを、涙を流して述懐《じゅっかい》されました。そのときまで、恥ずかしくて、誰にも言えなかったようです。正面からチャレンジして失敗するのではなく、脱力してしまうようなみじめさですね。先ほどいった自尊感情の低下のひとつの大きな要因でもあります。その点は、不注意症状も同じです。試験でテスト用紙に名前を書き忘れた、マークシートの回答が一行ずれていたなど。

津川　今月に入って携帯電話を四台もなくしてしまった……といったあの悲しさ、勝負すらできなかった敗北感ですね。一方、携帯アプリなどを使って時間を管理しようと自分なりに工夫しようとする方もいらっしゃいます。

内海　仕事と育児を両立する親のための分刻みのスケジュールを組み立てるものなど、よくできたＡＤＨＤの時間管理プログラムもありますね。ただ、そういったタイプの工夫が役に立つ人と逆に苦しくなる人の両方がいて、向き不向きがあるかと思います。

津川　あたりまえのことではありますが、いつも△△傾向だから○○を勧めるといった画一的な支援の姿勢ではなく、クライエントに向いている方法をオーダーメイドに、それも押しつけがましくない形で提案する、ということですね。

内海　今の世の中は寛容さに乏しく、彼らにとって生きにくいだろうと思います。昔の職人のような働き方ならば、気持ちが乗ったときに集中してやり、疲れたら飲んだり遊んだりしてリセットする。しかし今時のビジネスでは計画的な業務遂行が求められます。

一方、意外に思われるかもしれませんが、マラソンや陶芸や園芸といった趣味と相性が良い人もいます。飽きっぽいと思われているので、不思議に思われるかもしれませんが、走っているうちに、頭の中のノイズリダクションが起きるのだろうと思います。陶芸は、単調そうにみえますが、視覚情報や指の感触が次々に変化していきます。園芸なども、草むしりをしていると、一本抜くごとに、次に抜く草が目に入り、続けていく楽しみがあります。あるいは植物の方から呼びかけてくる情報をキャッチするのに秀でている人もいます。

津川　陶芸を考えてみても、ろくろを回しているあいだは状況が変化しつづけるから、一度として同じ瞬間はない。

内海　釣りが好きな人もいます。

津川　私は釣りの経験が少ないのですが、釣りって、何もしてないようにみえて、ちょこちょこ釣竿を動かしたり、状況をつぶさに確認いないといけないから、見た目と違ってぼーっとはしてないんですよね、きっと。

内海　昔から短気の人は釣り好きが多いとか言いましたね……ＡＤＨＤというと、多動衝動性と不注意にイメージが集約されてしまいますが、現れ方は多様です。実際の臨床像はもっと豊かなものがあります。

津川　本当に一言でＡＤＨＤといっても、人によっていろいろです。

内海　内省が苦手であるとか、話が取り止めなくなりがちであったり、あるいは遅刻やキャンセルが多発したりするなど、オーソドックスなカウンセリング文化にはなじまないところもあると思います。サイコセラピーでは、遅刻やキャンセルにも重要な所見になりますが、ＡＤＨＤの場合、こちらが脱力してしまうような起こり方をします。ただ、こうしたことも、彼らのway of lifeなのです。そのことをいったん認めたうえで支援に取り組めば、大きく変化する可能性を秘めています。まだまだ開拓途上の領域ですね。

◉**注**

1――Sonuga-Barke et al.（2010）
2――Hallowell & Raty（2011）
3――ソルデン（二〇〇〇）

◉ 文献

Hallowell, E.M. & Raty, J.J.（2011）Driven to Distraction. New York, Vintage Books.
サリ・ソルデン［ニキ・リンコ＝訳］（二〇〇〇）『片づけられない女たち』、ＷＡＶＥ出版
Solden, S.（2007）Women with Attention Deficit Disorder. Nevada City : CL, Underwood Books.

◉ 参考文献

Sonuga-Barke, E., Bitsakou, P., & Thompson, M.（2010）Beyond the dual pathway model : Evidence for the dissociation of timing, inhibitory, and delay-related impairments in attention-deficit/hyperactivity disorder. Journal of the American Academy of Child and Adolescent Psychiatry 49-4 ; 345-355.
内海健・兼本浩祐＝編著（二〇二三）『発達障害の精神病理Ⅳ――ＡＤＨＤ編』、星和書店

第一一章　回復過程と治療機序

1　回復過程で何が起こっているのか？

津川　共感と了解（第一・二章）、症状と診断（第三・四章）、気分障害（第五・六章）、統合失調症（第七・八章）、ＡＳＤとＡＤＨＤ（第九・一〇章）を経て、今回が最終回となります。心理療法＝精神療法がクライエントにもたらす成果については、「良くなる」「回復する」「成熟する」など、立場によってさまざまな言葉で語られます。クライエントは時間と費用をかけて来談し、臨床家は力を尽くして、お互いに〝何か〟が行われたと実感することはたしかです。ですが、心理療法＝精神療法のなかで何が行われ、何が変化をもたらすのか、説明は簡単ではありません。今回、まずはここからおうかがいしたいと思います。

内海　精神療法のコア、あるいは回復過程のコアで、何が起きているのかということですね。冒頭からいきなり難題ですね（笑）。俗に、悪くなった理由はよくわかるが、よくなった理屈はよくわからないと言われます。たぶんそうなのでしょう。ですから、すぐにお答えするのは難しいので、まずは、何をもってクライエントの状態がよくなったと感じるのか、ということから始めてみましょう。ちなみに、津川先生は、どんなところからそう感じられますか？

津川　明らかに状態がよくなったと思って、それは私だけでなく他のスタッフからのコメントでもよくなった状態であるとして、そのことをクライエントご本人に伝えても、「よくなっていない」「まだ変わっていない」と否定される場合があります。そのときは、よくなったことを確認しようとするやり方自体が、そのクライエントに適していないことがすぐわかります。

そのことは脇において、私がよくなったと感じて、それを伝えたくなるのは、外見、たたずまい、雰囲気などで、以前とはまったく違って感じられます。けれども、ご本人は「いやいや、まったくよくなっていません」って言われて、クライエントの実感との差が明らかになったら、こちらの感覚を押しつけても仕方ありませんから、別の方法でクライエントをさらなる回復に導こうと切り替えます。つまり、私の場合、たたずまいが、最も大きいです。

内海　同感です。まず表情やしぐさなどから伝わってきますよね。眼の輝きとか、声のトーンとか、あるいは肌のつややなど。たたずまいやふるまいについては、ドイツ語で「グラチエ（Grazie)」といわれるもの、つまり「優雅さ」「気品」がひとつの重要な指標になると思います。ずっとさえない、あるいはくすんだ状態だったクライエントから、品格や色気のようなものが、ふとこちらに伝わってくることがあります。

私が研修医だった頃、とても印象的だった入院事例があります。その方は、長らくうつ状態にあり、いつも不機嫌で、ピリピリしていて、全身から棘が出ているといった雰囲気をかもしだしていました。ナースとの関係もぎすぎすしたものになりがちで、当時の診断カテゴリーで、「性格因性のうつ病」とされていました。ところがあるとき、外来からにこやかな顔をした素敵な女性が出てこられたと思ったら、なんとその方だったのです。入院中とは違って、メイクをほどこし、おしゃれをしていたこともありますが、表情や所作が生き生きとして、優雅さを帯びていたのが印象的でした。

津川　よくわかります。ゆとりを感じるっていうか、大袈裟に言えば気品を感じるっていうか、すごく回復なさいますよね。

内海　そうですね。普段の臨床でも、クライエントが診察室に入ってきたらまずは表情、そして仕草などを確認しますよね。特に顔と手は、ペンフィールド（Wilder Graves Penfield／脳神経外科医）が作成した有名な「ホムンクルス（homunculus）」の図を見ればわかるように、それをつかさどる脳の運動領野も感覚領野も非常に広いので、情報量が多い（図❶）。

津川　表情や手の動作には感情や考えが表れやすい。

内海　そうですね。ところで、先ほどの津川先生のお話に関連して、クライエント本人があまりよくなっていないと言った場合、他方で臨床家の実感として、「関係性」自体は変化しているというような経験はありませんか？

津川　適切な言葉ではないかもしれませんが、普通に話せるようになっているという感覚があります。それ以前も、もちろん文法上は整った日本語を話されていて、質問をすれば応答もされるから、一見すると普通のやりとりだったのですが、どこか「壁」のようなものが感じられた……その「壁」が取り

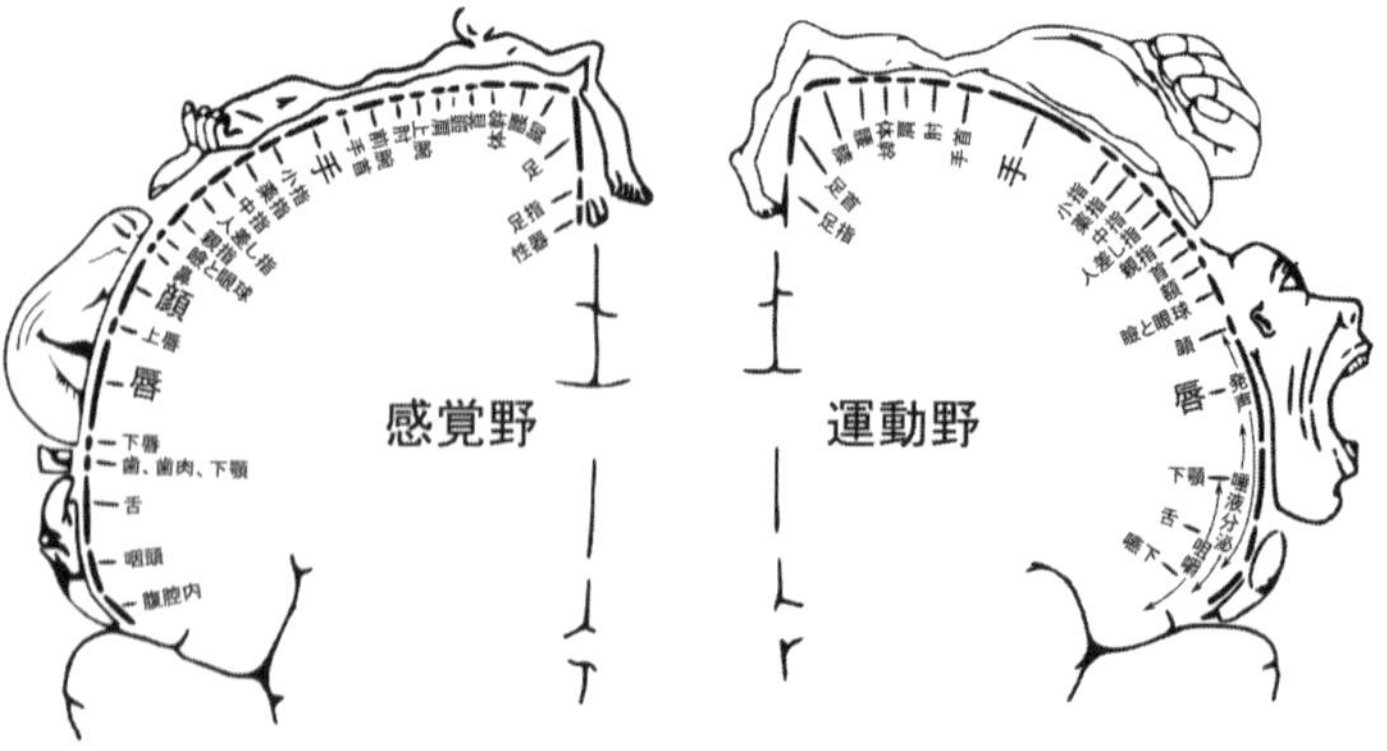

図❶　ホムンクルス

去られて、ナチュラルになる感じです。

内海　よくなったというのは、実感として直接伝わってくるわけですね。もちろん、社会適応が改善すること、たとえば復職したとか、自活できるようになったなども重要です。あるいは、犬の散歩に出かけるようになった、友人とお茶を飲みに出かけた、食事を自分で作るようになったなど、さりげない日常生活の変化の情報は、確実な手応えを感じさせるものです。身体のコンディションも指標として欠かせません。

ただ、われわれにとって一番当てになるのは、先ほどから話しているような感触ですよね。とはいえ、それは変化が起きてからわかるのであって、回復していくプロセスのなかで、リアルタイムに何が起きているのかを把握するのは容易ではありません。

津川　たたずまいや関係性がよくなったことは実感として確実にあって、それはある意味で、社会復帰や症状が消えたことより重要である、そんなふうに捉えておくということですね。

2　回復は副産物のように起こる

内海　臨床はそれで済むのですが、人に伝えたり論文にしたりするときは、数量化した外的指標を使わざるをえません。この外的指標と、関係性のなかで実際に触れ合って初めてわかることとのあいだには、大きなディスクレパンシー（discrepancy／落差）があります。

津川　外的指標ばかりが注目されますが、関係性のなかにあるもの、会っているからこそわかることがベースにあって、しかしそれらがどうやってもたらされるのかは簡単には説明がつかない、そういう難しさがあります。

内海　このディスクレパンシーを考える際に参考になるのは、マイケル・バリント（Michael Balint／ハンガリーの精神分析家）の「心の三領域」です。精神分析の流儀にのっとって、まずはエディプス水準と前エディプス水準（基底欠損水準）の二つが分けられますが、それに「創造領域」というものが加わり、三つの領域に分けられます。多少バリントの本義からはずれますが、これらを「三人称領域」「二人称領域」「一人称領域」と分けてみます。(1)

このなかで注目したいのは、自分だけの世界のなかにいるとされる「創造領域」です。その名が示すように、芸術や科学などの創造が行われるときに典型的にみられます。それに加えてバリントは病の始まりと回復段階がこの領域に属するといいます。かたわらにいても、そこで何が営まれているかはわからない、しかし心をとぎ澄ませば、何かがそこで起きていることが伝わってくるような事態です。(2) 回復過程とはそのようなものだろうと思うのです。

他方、アカデミズムの世界では、誰が読んでもわかるように、外的指標を用い、数量化して、治療を説明する。いわゆる三人称で語られる外からの観測による知であって、臨床現場の一人称・二人称領域の内的な経験とのあいだにディスクレパンシーが生じることになります。

津川　二人称領域で行っているカウンセリングを、論文にしたり学会で発表したりすること自体が、三人称領域に入ることになって、一人称領域からさらに離れていくわけですね。

内海　ですから、事例検討はできるだけローカルにやる方がいいのです。

津川　「ローカル」というのは、どのように理解すればいいでしょうか？

内海　たとえば、ある事例について、私と津川先生のあいだで雑談を交わす時間があれば、臨床的に得るものが多いと思います。

津川 そもそも二人の関係性の内部で起こっていることは、クライエントご本人にもわからない。

内海 構造的にそうなっているのです。関係性に限らず、内部的に起こっていることはリアルタイムにはわからない。少し遅れて気づかれる。

津川 実際、クライエントも、あとでそうおっしゃったりしますよね。

内海 よくなるきっかけとなったことを後になって語られても、こちらにはどうしてそれがきっかけになったのかは、よくわからないこともしばしばあります……わかる場合も、それが本当に治癒機転だったのかどうかは、結局のところはわからない。

津川 ほかに可能性があるなかで、なぜそれが選ばれたのかと思うこともあります。でも、クライエントにとっては意味がある。

内海 「ミネルヴァの梟《ふくろう》は黄昏《たそがれ》に飛び立つ」というように、知は遅れてやってきます。本来、そういうものです。だからといって意味がないわけではない。せっかく摑んだものを手放さないためにも必要です。

いずれにしても、回復過程自体は、一人称領域ないし二人称領域の出来事であり、知に落とし込むことはできません。しかし、だからといって三人称領域が不要というわけではないのです。それどころか、三人称領域の知をしっかり備えておかなければ、プロとして回復を手助けすることはできません。一応このことは前提として確認しておきたいと思います。

津川　もともと一人称領域と離れているから、ディスクレパンシーはあることが前提として、それでも三人称領域は決して無駄ではないのですね。

内海　センスや勘だけでやってはいけない。しっかり勉強しなければなりません。外部観測（三人称領域）と内的経験（一人称領域・二人称領域）のあいだには変換公式がないということについて、私が痛切に認識するのは、カルテやサマリーを書くときです。ホットな臨床場面が一区切りして、カルテに向かうと、さてどう記録したものかと途方にくれることもあります。あるいは、サマリーを作りながら、「違うよなあ」と嘆息《たんそく》をついたり。なんで他の人たちは小器用にまとめることができるのだろうと、うらやましく思ったりもします。

津川　三人称領域だと、こういう契約で、こういう技法を使って、こうやって回復したというセオリーを記述できますが、クライエント本人もわからない回復過程とのあいだをつなぐことは、どのアプローチをもってしても難しい……

内海　まあ、カルテやサマリーはスケルトンのようなもので、既往歴、薬物の副作用、身体症状、検査値などといった客観的な情報が手堅く書かれていればそれでよしとしています。治療については、おっしゃる通りで、セオリーと実際のプロセスのあいだにはズレが必ず含まれています。セオリーにしがみついている治療者はたいてい下手くそです。セラピストが考えている理屈とは別のところでよくなっている可能性がつねにあること、さらに言うなら、回復はセオリーの副産物のように起こるくらいに考えておくとよいと思います。

津川　心理士のごく一部だと思いますが、自分が用いているアプローチが気に入っていて、理論も学んでトレーニングも積んで、それを実施したからクライエントがよくなったと考える傾向が少なからずあるように感じます。ケース検討会でも学会でも、特定のアプローチをもってしてよくなったと説明されることがあるのですが、実態はそうではないですよね。

内海　それはおめでたいというか、そんなふうにいくわけはないでしょう。

3　実践と理屈

内海　ジャンルは違いますが、薬物療法を例に取ってみましょう。抗うつ薬の治療有効性は、大雑把にいうと、投与群で約六割といわれています。まあ、それなりに効くのです。しかしRCT（Randomized Controlled Trial／ランダム化比較試験）の結果をみれば、プラセボ群でも三割の有効率があるのです。つまり、六割対三割ですから、半数の事例は本筋以外のところで効いている。

津川　一時期、プラセボ効果が高いのではないか、つまり実際の薬効はさほど高くないのではないか、といった議論がよくありましたね。

内海　つまり、治験にエントリーして、医師から処方された錠剤を服用するということだけで、三割の人がよくなるわけです。ところが普段の診療で、薬物を処方して患者の状態が改善すると、医師は単純に薬が効いたと考える。しかし実態は、プラセボ効果であった可能性が五割もあるわけです。それなら、プラセボ効果の研究に、薬物と同じくらい資源を投入してもよさそうなのですが、ほとんどされていません。

ちなみに、大規模RCTの結果を分析したところ、症状改善の分散（ばらつき）は、抗うつ薬かプラセボかの違いよりも、治療者の差が大きかったと報告されています。治験に参加した医師の三分の一では、抗うつ薬でもプラセボでも良好な効果をあげており、三分の一の医師では、どちらも効かなかったという結果も出ています。(3)

津川　なるほど。

内海　サイコセラピーとして、行動療法を例に取ってみましょう。行動療法の道具立て自体はシンプルなもので、大もとをたどればイワン・パヴロフ（Ivan Pavlov）に始まりジョン・ワトソン（John Broadus Watson）が確立した行動主義がベースになっています。暴露療法や系統的脱感作など治療技法も比較的シンプルです。しかし、では誰がやってもうまくいくかというと、そうはいかない。

とても印象に残っているのは、山上敏子先生の講演です。私が聴いたのは、物を捨てることができず生活が行き詰まった、強迫性障害の女性の治療過程でした。山上先生は、彼女の生活場面を聴きながら、自宅の流し台にある三角コーナーに目を付け、暴露反応妨害法を始められました。もう少し詳しく言うと、同席した母親から、彼女は夜食に食べたぶどうの種を何度も数えたあと、それを食卓の上に置いたままにしておいたが、母親がそれを捨てても黙っていた、ということを聞き取られました。そのうえで、種を三角コーナーに捨てて、あとは母親に任せることを彼女に提案されたのです。(4)

随分以前の講演なので、ほとんど忘れているのですが、「三角コーナー」のイメージは鮮明に残っています。世界の片隅のほんの小さなところから可能性を押し広げていく手法、そしてアセスメントの細やかさには、本当に感動させられました。講演のあと、何人もの同僚がうわ言のように「三角コーナー」と言って、目を輝かせていました。行動療法の本体が導入される前に、すでに勝負がついているようなものですね。

津川　山上先生のご講演は、だいぶ以前ですが、私も何度か拝聴したことがあります。冷蔵庫に貼り付けて毎日丸印をつけるカレンダーをちょっと壁側に寄せるといった、日常生活に根ざした工夫やその描写は素晴らしいものでした。精緻なアセスメント、デリケートな入り方ですよね。

内海　山上先生は、患者の生活の隅々が見えるように訊ねてゆくことを日頃から大切にされていたと聞いています。

津川　それを表面的に模倣して、同じ流し台に注目して同じようなことをすればすべてのクライエントが良くなるものでもない。土台の理論はシンプルでも、精緻なアセスメントがあって、デリケートかつ丁寧に介入する、その全体がクライエントを回復に一歩近づけているのでしょうね。

内海　心理療法が、一定の社会的評価を受け、承認され、広まっていくためには、ある程度の一般化はやむをえません。体系化し、データ処理をして、科学的意匠をまとわせることも必要です。他方で、先ほど例に出たカレンダーの位置や三角コーナーの例でもわかるように、治療機序はおそらく、徹底して個別的な水準で起きています。それらは単なる応用例ではありません。

津川　同じように、たとえばエクスポージャー技法も理論はシンプルですが、どう話し合って始めるのか、何をどこから行うのかという精緻な段取りは、やはり個別性の領域ですね。実際、うまくいかないクライエントも、最初からすんなり取り組めるクライエントもいるでしょう。だからこそ三人称領域とのディスクレパンシーを臨床家が意識しておくことが重要になる。

内海　ケース検討でも、理屈は立派ですが、「で、実際どうするの?」と聞くと何も答えが返ってこない人を時折みかけます。

津川　しかし、「で、実際どうするの?」ということに尽きますし、クライエントはまさにそれを求めているわけですから、これは臨床の核心ですね。

内海　繰り返しになりますが、外部からの観測と内的な経験、あるいは一般理論と個々の事例のあいだには大きなディスクレパンシーがあります。精神医学や心理臨床の領域である心の世界が、まさにそれに該当します。

それを理解するうえで、ひとつ参考になるものとして、「生命」があります。「生きている」とはどういうことか。それを外部から定義することは難しい。「外界からの自律性」「代謝を営んでいる」「自己複製能力をもつ」といったことがあげられますが、生命科学は、命のいとなみそのものには届かない。けれども「生きている」ということは、個々の生き物をみればすぐにわかります。ウイルス相手だと難しいですが、人間はもちろん、昆虫でも植物でも、それらが「生きている」ことは直接伝わってくる。相手の生命と共振して、それを感じ取ることができます。

津川　植物なら「枯れた」ことはすぐわかりますし、「そろそろ枯れそうだ」ということもわかります。学校で「枯れた」という現象の説明法を習っていなくても、実感としてわかる。精神疾患からの回復も、これに近いのかもしれませんね。

内海　まさにそうですね。

4　認知行動療法の効用

内海　私は専門家ではないのですが、ここで、うつ病や不安障害などの領域において、今やスタンダードな治療のひとつとなった認知行動療法（CBT：Cognitive Behavior Therapy）を取り上げてみましょう。津川先生は、ＣＢＴを実施されることもあるのでしょうか？

津川　ＣＢＴの専門家ではありませんから、本格的なＣＢＴを受けたいという希望があれば、もちろんＣＢＴの専門家にリファーすることになりますが、あくまで私がＣＢＴ

だけを行う専門家ではないことをクライエントに断ったうえでの実施はあります。通常のカウンセリングの一部に取り込む形が多いです。

内海　柔軟にカウンセリングに取り入れておられるのですね。

津川　たとえば、無料なのでクライエントに経済的な負担がかからないという意味もあって、厚生労働省が提供している一六回のセッション・マニュアルなどを活用しながら、クライエントの希望に応じて、カウンセリングのすべての時間をCBTに当てるのではなく、時間の一部に取り入れています。(5)

内海　実際された実感として、CBTの治療機序についてはどう思われますか？

津川　まず、CBTが合わない人が、病態水準とは別におられるという実感があります。CBTという名前をインターネットなどで聞いて、希望するクライエントが多いように感じますが、たとえば、上司に叱責されたシーンを記述するときに注意が集中しすぎて調子を崩してしまう、といった最初に工夫をしないと向かない方もいらっしゃる。

もちろん、CBTを導入したことでよくなっていくクライエントもいます。「マイCBTブック」みたいなものを器用に自作して積極的に取り組んでいる方もおられます。受容・傾聴・共感を基本とした心理カウンセリングとは少し違う、遊びというかワークのような要素を取り入れる、CBTの専門家には申し訳ない形での実施ではありますが……

内海　むしろそれはかなり本質的なことではないでしょうか。ＣＢＴのワークを通じて、クライエントは、自分の経験が組み替え可能であることを実感するわけですから。

津川　たしかに、クライエントが自分の話をじっくり聞いてもらうという、二人の関係性があったうえで、そこにワークが入ることで楽しめる側面はありそうですね。

内海　現在の第三世代ＣＢＴは、行動療法、認知療法、論理療法、さらには人間性心理学が合流した寄合世帯のようなものとなっていて、その主張するところは、各人がよって立つ流派によって、微妙に異なります。ここではアーロン・ベックの認知療法について考えてみましょう。気分障害を論じた第五章でも取り上げましたが、これは一九六〇年代にうつ病の治療法として考案され、一定の成果をあげたものです。そのポイントは、気分ではなく、それに由来する悲観的・否定的認知に着目したことにあります。当時の疾病観からすると、本来は上流にある気分を改善するのが本筋と思われるのですが、そこをあえて認知に働きかけたわけです。

もっとも、うつ病とは気分の病に還元されるものではなく、思考障害がプライマリーに起こることはすでにお話ししました。その最も病的な現れが妄想です。妄想に限らず、うつ病の原発性の思考障害に認知療法が有効かどうかというと、それはかなり難しいだろうと思います。

他方で、抑うつの結果として生じる否定的な認知に対しては、おそらく一定の効果が期待できます。それによって、自分を必要以上に追い詰めることが避けられる。病の面倒なところは、悪循環というか自己増殖するプロセスにあるのですが、そこに効いてくるわけです。ちなみに、SSRI（選択的セロトニン再取り込み阻害薬）の抗うつ効果にも、一部似たような機序があり、ネガティヴな考えが起きても、「まあいいか」とあまり深刻にならないようになるのが、回復に役立っているようです。

建前としては、認知療法は原因としての認知の偏りを修正するという設定になっています。しかし、あくまで私見ですが、結果としての認知に介入しているのです。というより、介入しやすいモジュールとして認知を取り出したことが、ひとつのポイントだろうと思います。自動思考などを書き出す作業を通して、俯瞰して自分を見る、あるいは自分と自分のあいだに隙間を作ることが、よい効果をもつのだろうと思います。外部観測（三人称領域）であっても、自分で獲得した外部観測の所見は、その人にとってとても貴重なものです。

そして、セラピストとの協働作業になっています。うつ病の人は、なかなか他人からの働きかけを受けないのですが、こうした枠があると、期せずして人とのかかわりが生まれます。

津川　内海先生としてはCBTについて、クライエントと援助者が二人で実施すること、クライエントが書く作業や書いたものについて話し合うこと、コラムを自主制作すること、そういった作業自体にメリットがあると考えているわけですね。

内海　はい、そうです。津川先生が紹介された事例も、CBTの作業後、すこしほどけたような感じをもたれたのではないでしょうか？　うつのナルシシズム的な態勢に対して、サイコセラピーは、ともすれば暖簾《のれん》に腕押しになります。CBTがそこに入り込めるとしたら、臨床的にとても価値のあることです。

津川　「悲しみは変わらないけど、怒りが一〇%ほど減りました」といったクライエントとの協働作業自体、そこにはある種の「ユーモア」も感じます。CBT実施以前はもっとダイレクトに怒っていたクライエントが、ちょっとユーモラスな雰囲気になって、それを二人でシェアしている感覚があります。

内海　可視化の作業も効果があるように思います。昔の精神療法の教育を受けた身としては、あまりにもベタなやり方で、恥ずかしい気もしますが、シェーマやフローチャートを使うことにも、意外に効果があるようです。

津川　話すだけで納得してもらえる場合もありますが、図や書いたものを使う方法の効果は私も実感します。

内海　そこで示されていることは、もしかしたらインチキかもしれない。というより、心の世界がそんなにシンプルに描けるわけはありません。「本当はインチキなのかもしれない」というくらいの度量と謙虚さをもっておくとよいと思います。単に示すだけではなく、クライエントに修正してもらったりするのもよいでしょう。いずれにしても、対話だけではうまくいかないクライエントには、そうした可視化が役立つことがしばしばありますね。

津川　私も臨床現場で実感します。家族関係を知りたくて自宅の間取りを描いてもらうなかで、二人で絵と文字を見ながら、「私はいつもここにいて、周りにたくさん物があるんです」と説明を受けること自体に意味があるし、それまでと違った感覚がありま す。これはCBTの技法そのものではありませんが、どこか共通する要因を感じます。

内海　CBTの指南書のようなものには、必ずと言ってよいほど、「共感的な態度」であるとか「適度な温かみをもった良好な治療関係」といったような文言が書かれていま す。ただし、それが具体的にどのようなものか、あるいはどのようにして習得するのかは示されていません。あたかも自明な前提とされていますが、実のところ、ここが一番難しいところかもしれない。おそらくそうしたことなしには、CBTはなかなか機能しないでしょう。それならクライエントがガイドブックをみて、一人でやった方がよいかもしれない。
　サイコセラピーというものは、技法によってよくなるのではなく、技法を通してクライエントが回復していくものだと思います。このあたりの微妙な違いはとても大切なことだと思います。

◉注

1――バリントの場合、二人称領域は基底欠損水準の意味で使われているが、ここでは特に病的な意味合いはなく使用している。
2――バリント（二〇一七）
3――McKay et al.（2006）
4――黒木俊秀氏によると、この事例は山上（二〇〇七、一三〇―一四三頁）に収録されている。
5――厚生労働省（n.d.a, n.d.b）

◉文献

マイクル・バリント［中井久夫＝訳］（二〇一七）『新装版 治療論からみた退行――基底欠損の精神分析』、金剛出版
厚生労働省（n.d.a）「うつ病の認知療法・認知行動療法治療者用マニュアル」（https://www.mhlw.go.jp/bunya/shougaihoken/kokoro/dl/01.pdf［二〇二四年八月三〇日閲覧］）
厚生労働省（n.d.b）「うつ病の認知療法・認知行動療法（患者さんのための資料）」（https://www.mhlw.go.jp/bunya/shougaihoken/kokoro/dl/04.pdf［二〇二四年八月三〇日閲覧］）

McKay, K.M., Imel, Z.E., & Wampold, B.E.（2006）Psychiatrist effects in the psychopharmacological treatment of depression. Journal of Affective Disorders 92 ; 287-290.
山上敏子（二〇〇七）『方法としての行動療法』、金剛出版

◉ **参考文献**

内海健（二〇〇五）「Byproductとしての精神療法」、『臨床精神医学』、三四－一二、一六九九－一七〇七頁（再録－内海健（二〇一〇）『気分障害のハード・コア――「うつ」と「マニー」のゆくえ』、金剛出版、三三－五四頁）

第一二章　個別例への沈潜《ちんせん》

1　事例とローカリティ

津川　多くの心理士に共通する関心事として、面接の上達についてうかがっていきたいと思います。面接技術の向上に関して、どのような考えをおもちでしょうか？

内海　常識的な見解になりますが、まずはケース検討やスーパーヴィジョンなど、個々の事例を通して学ぶ以外にはないと思います。しかし、あろうことか、精神医学の世界では事例の意義がどんどん軽視されていっているのです。

津川　精神医学のなかでケースが軽視されてしまうのですね……それは事例論文が減っているということでしょうか？

内海　研究の世界においては、歴然としたヒエラルキーが設けられています。たとえば、臨床論文ではRCTに一番価値があるとされます。たしかに大切な研究ではあるのですが、私に言わせると、探究というよりむしろ労働です。脳を筋肉のように使っているというか。そして資金とマンパワーをいかに調達するかがものをいう。

そして最低ランクに位置づけられるのが、症例報告です。インパクトファクターにも反映されるので、ますます事例研究が敬遠されていくわけです。いわゆるエビデンスがあるとされる研究に偏重していく。

津川　ここで言われている「エビデンス」というのは具体的に何を指しているのでしょうか？

内海　それは端的に統計的エビデンスです。統計学自体は、数学として独特の難しさをもった領域ですが、パッケージ・ソフトを使っている研究者が、どれくらいそれを理解しているかは微妙です。

津川　そうだとすれば、心理学も状況は同じです。本来、「エビデンス」はもっと広い意味をもっていたはずですが、統計解析から導かれるものが優先的にエビデンスとして強調され、下手をすると正しいと断言されたりしています。心理学でも、数値で表せないものが軽視される傾向にあるといいましょうか。

内海　端的に言えば、個別性が軽視されています。数年前に、ある学術雑誌から依頼を受けて総説を執筆したときのエピソードを紹介しましょう。その論文では、ある恰幅《かっぷく》のよい初老のクライエントが、駅の階段を昇っているときに、急に足に力が入らなって倒れ込んだというビネットを挿入しました。その方は長年、街の不動産屋さんを営んでいたのですが、編集委員会から「不動産業」という文言を「中小企業の経営者」とするよう求められました（笑）。

津川　中小企業の経営者……その方が「不動産業」であることに意味があるんですよね？

内海　いかにも商売で修羅場をくぐってきたことを思わせる貫禄のある方でした。臨床では職業や出身地といった個別的な情報を大切にしますよね。ところが、そんなことより、形式的な倫理的配慮とやらが優先されるようです。

津川　これも臨床心理学の世界で起こっていることに近いです。たとえば事例論文のクライエント紹介で「卓球部」と書くことに意味があるのですが、個人を同定しやすくなるから避けるように言われることは増えているように感じています。他の運動部ではなく卓球部であることがクライエントその人を表していて、たとえば「運動系サークル」に換えてしまったら、伝わらないものが生まれてしまいます。

内海　クライエントを匿名化するカルチャーになりつつある……

津川　個人がより同定されないという観点からは安全ではありますが……

内海　乾いたポリティカル・コレクトネス（political correctness）が、事例研究という樹木の根を枯らしているようで、悲しい気持ちにさせられます。「卓球部」を「運動系サークル」ですか。それだけで、すでにその事例らしさが希薄になっていることに気づかないのでしょうか。

ＡＩの領域では、記号接地問題（symbol grounding problem）というのがあります。ＡＩは言語を処理して、理解可能な文を作ることができるが、現実世界の経験と結びつかない。グラウンディングしないのです。端的に言えば、ＡＩには実感が起こらない。それと似たようなことが起きています。

兼本浩祐先生の本を参考にして説明する[2]と、たとえば「歌手」という一般名詞だけで歌手について論じても、空疎な話に終始してしまいます。それが「安室奈美恵」という固有名になると、途端にイメージが豊かになる。もちろん、安室奈美恵だけが歌手ではない。私なら中森明菜、私の父なら美空ひばりということになるかもしれない。彼女らは平均的な歌手でもなければ、歌手の特性をすべて備えているわけでもない。しかし、そもそも、そうである必要はないのです。

……というのは、あたりまえのことですが、臨床で問題となるのは、個々の事例だからです。そこでは、一般と個別は、タイプとトークンの関係（鋳型《いがた》とレプリカの関係）にはない。個々の事例は、一般から外れているからこそ、個別の事例です。その「外れ」、言い換えるなら差異は、平均からの偏差ではない。それどころか、その人をまさにその人たらしめているものです。同時に、良質な臨床概念は、その一般性のなかに、個別性を生み出す差異を含んでいるものです。

臨床技術を上達させるには、事例性が確保されるローカルな場でやることでしょう。とはいえ、小規模のクローズドの会に至るまで、いろいろと規制されるのであれば、臨床技術の向上はとても見込めません。

津川　発表の場の規模や参加者の条件などにもよりますが、制約が徐々に厳しくなっているのは事実ですね。一方で、医局での雑談が役に立つという事実もあります。その医師が力を入れたポイントや独特な見立て方といったヒントが普段着の言葉に詰まっていて、場合によっては公式なケース検討より豊かな発見があって……

内海　私の場合、医局での同僚との語らいが一番勉強になりました。ある大学病院に勤務していたときには、教授の代わりに病棟回診をさせられることがよくありました。研修医や学生を引き連れて患者と話すのは、とても勝手の悪いことでしたが、終わったあとに、仲間とナースステーションの中にある小部屋で、事例について自由連想風に雑談するのが、楽しくもあり、ためにもなりました。裏回診や裏カンファがあるというのは健全な文化だと思います。

津川　内海先生のおっしゃるローカルというのは、気心が知れた数名の仲間と、公的ではないケース検討の時間を設けていくなかで生まれるものでしょうか？

内海　他流試合も、独善に陥らぬためには欠かせません。タコツボの中の我流や、井の中の蛙はよろしくない。しかし、ベースは内輪の雑談がいいと思っています。ところがコロナ禍でそうした時間はすっかり失われてしまって……

津川　そうですね、コロナ禍の自粛期間では、かなり失われてしまいました。

内海　コロナ禍が落ち着いたあと、学会場で思いがけず昔なじみと出会って、話が弾み、いろいろなアイデアが浮かんだりして、あらためてリアルの大切さが身にしみました。

津川　急速に増えたオンライン会議でも、誰かが話し終わってから別の人が話すといったように、発言が重ならないようにするから、雑談はほぼ生まれません。

内海　知識を得るだけなら、オンラインはありがたいのですが。

2　一般性と個別性

内海　文芸・映画評論家四方田犬彦さんのエッセイ『人、中年に到る』(3)のなかに、「観光地の限られた空間を一歩離れてしまえば、英語になど何の関心ももたない人々が住まう地域が世界中にどこまでも拡がっている」のであり、そこでの経験は、「英語と呼ばれる一つの言語が今日特権的なまでに情報を掌握し、覇権をほしいままにしているという認識がいかに傲慢で浅薄なものであるか」ということを思い知らされるものであったという一節があります。同じように、メジャーな公共言語は、ローカルなところで営まれている病者の心の世界には、あまり役に立たないのかもしれません。というか、歯が立たない。

津川　先ほどのローカリティの重要性とも関連しますね。

内海　公共言語としての通俗科学が肥大すればするほど、事例性からかけ離れていくことになります。繰り返しになりますが、個というものは、一般性に回収されないことが定義のようなものです。

津川　そんな不確定な個性なら、学問の対象としては要らない、という動きも強まっているのでしょうか？

内海　そう思います。

もっとも、公共言語が臨床に役立つ場面もあります。たとえばDSMやICDに準拠して「Aという診断基準を満たすので、Bという介入をした」などと説明できるようにしておけば、クレームや訴訟への対策にはなります。

津川　クレーム文化のなかで説明責任を果たすときには役に立つけれど、臨床では個別性・事例性が重要になるということでしょうか？

内海　もちろん一般性も貢献はしています。ただしそれは縁の下の力持ちのようであるのが理想的で、あまり出しゃばらない方がよい。

津川　本来、個別性から始まって、二者関係のなかで経験知になり、それが一般化されて三人称領域に参入していくはずが、まるであらかじめあった鋳型から画一的な貨幣が生まれるような形に、いつの間にか逆転してしまっている傾向がないとは言えませんよね。

内海　本来、科学でブレイク・スルーが起きるのは、個別事例であったり、メジャー・ロードから外れたニッチであったりすることが多いのではないでしょうか。たとえば、クロルプロマジンの効果は、精神科医が発見したものではありません。フランスの外科医・麻酔科医のアンリ・ラボリ（Henri Laborit）のアイデアによるものです。

彼は、手術による侵襲に対して、生体がホメオスタシスを回復しようとして過剰に反応することから、かえってショック状態に陥ると考え、クロルプロマジンにそれに対する予防作用を見出しました。そして、その延長線上に、精神疾患への効果を予測したわけです。おそらく無駄な抵抗をしない方が破綻に陥らないというアイデアがあったのではないでしょうか。

津川　改めて私たち臨床家は、事例の個別性を意識して大切にする、ということですね。

内海　個別性に注目しなかったら、臨床はつまらないものになってしまいます。そうすると研究やビジネスの方に軸足を移すことになるでしょう。

津川　ここまでの話をうかがいながら、随分前に大学の心理学科に入って、心理統計を習ったときのことを思い出していました。ノーマル分布から外れたものは「外れ値」である、たとえば、一〇〇〇人のなかの一人は統計上カットされるという説明が授業であって、少なからずショックを受けました。外れ値の一は実際に生きている一人であって、統計の数値の一ではないはずなのに――当時そんなふうに強烈に思った覚えがあります。統計の存在を批判しているわけではありませんが、それだけで臨床は語れないと、やはり思います。

内海　臨床家には事例があるから、そこで切実に個別性を感じられるはずです。一例一例の切実さがわかっていれば、それほど心配ないのですが、あまりにも公共言語が幅を効かせ、したり顔で語るので、それを前にして自信がなくなるのかもしれません。

3　心理士へのメッセージ1

津川　支援内容はクライエントによってさまざまでも、少しでもよい支援を提供したいという思いは、心理士に共通しているはずです。ここからは、ビギナーも含む心理士へのメッセージをいただきながら、議論を進めていきたいと考えています。心理士に対して辛口のコメントも大歓迎ですので、どうぞよろしくお願いします。

内海　私の場合、カウンセリングを依頼するのは、医療的に状況が打開できないときがほとんどです。そのとき、心理士に対して、虫のよい期待をするなら、「この人に任せておけば、あとは大丈夫」ということです。もっと虫のよい言い方をするなら、「あとはお任せします」になるでしょうか。これが第一のメッセージです。

少し話が飛躍しますが、私はこれまで、病棟のナースの発言力が強いところで仕事をすることが多かったので、長いあいだ、それがあたりまえのことだと思っていました。発言力というより、医師への文句や注文が多いのです。オーダーしても、できない理由をよく聞かされました。随分気を遣わされたものです。ところが、何がきっかけだったかは忘れましたが、「それは違うだろう」と思い直すようになったのです。

入院と外来はどこが違うのかというと、要は環境です。入院の目的にはいろいろあるとは思いますが、一番は環境、つまりはミリュー（milieu）[4]を変えることです。そしてそのミリューで決定的な役割を担っているのがナースです。医師が入院の導入の仕方や処方などの基本的なところをはずさなければ、あとの大部分は、看護の領分のはずです。

津川　入院病棟は本当にナースの力が大きいですよね。

内海　理想の入院治療は、「病棟に入るだけでよくなること」です。

津川　「環境」を変えて専門家集団のあいだにいる構造自体が、回復に寄与するわけですね。そのとき患者に最も近いところで頻繁に会うのがナースですよね。

内海　看護の大変さは、専門家として対応すると同時に、生身の人間として患者に接するということにあります。だからつい医者に文句も言いたくなる。それはわかるのですが、その二役をこなすのが、看護師のプロたるゆえんだと思います。

また、昨今では、インシデントレポートなどの書類業務が多く、パソコンに向かっている時間の方が、患者と接する時間より長くなってしまったり、入院の目標がリスク管理になっているようなところもあり、気の毒に思うこともあります。

こうした話の延長線上で、心理士のみなさんに期待するのは、医学的な管理は手堅くやりますし、医療的な責任は最終的にこちらにあるので、あとは存分に腕を振るって、よくしてもらいたいということでしょうか。もちろん一定の時間がかかることは承知しています。

津川　内海先生のように差配というかセッティングしていただけると、心理士も本当に動きやすくなります。実際、依頼のされ方や、声のかけられ方でも、医師がどういう思いで私にリファーしているのかが伝わってきます。心理士に依頼が来るまでのセッティングから伝わるものは、もちろんたくさんあります。

4　心理士へのメッセージ2

内海　ところで、今の医療保険制度下では、「通院精神療法」という診療評価項目があって、仮に五分の面接でも診療点数が加算される制度になっています。しかし実際に患者をきちんと診るためには、私の能力だと朝から晩まで働いても三〇人が限界でしょうね。

津川　一日に三〇人……

内海　もっとたくさん診ている人がほとんどだと思いますが、保険点数に見合うだけのことをするなら、その程度かと思います。日本の高名な精神分析家でも、五〇分のセッションで一万円くらいの料金であることを考えるなら、「通院精神療法」の診療評価は高いと思います。[5] ほとんどのクリニックは、それで経営が成り立っているようなものです。

津川　再診料だけでの経営は厳しいでしょうから……

内海　狭義の精神療法ではない、たとえば医療管理のようなものも含まれるという見解もありますが、それにしても「精神療法」と銘打っているのですから、それに見合うトレーニングをする責務があります。しかし日本の場合、制度化されていません。韓国などでは、精神分析あるいはCBTを選んで一定のコースを習得しなければ専門医資格が認定されない制度になっていると聞きます。

津川　それは医師が精神療法の研修を受けるということですよね？　精神療法はそれなりに重視されて、研修カリキュラムにも含まれているけれど、日本では義務化には至っていないということになるでしょうか。

内海　そうです。今後、日本でも精神療法のトレーニングを充実させていくなら、わたしたち医師の方が心理士に教えてもらう機会も増えてくるでしょう。そうしたことに寄与してもらいたいというのが二つ目のメッセージです。

5　心理士へのメッセージ3

内海　最後のメッセージは「医師をうまく使う」ということです。土居健郎先生は、臨床心理士の育成にあたって、そうした助言をされていたようです。実際、医療と協働する事例も多いですよね。

津川　そうですね、クリニックから紹介される事例は多いです。

内海　協働したり、連携したりするなかで、医者を見分ける能力も鍛えられていると思います。どの医者なら安心なのか、どんな傾向があるのか、あるいはそれぞれの医師の得手不得手なども、よくわかっておられるでしょう。ですから、いろいろとアドバイスもできると思います。ただ、実際問題となると、そう簡単ではないでしょうね。

私も産業医業務では、似たような苦労があります。主治医に対して、薬の副作用など、こちらが気づいたことを報告したり、もう少し踏み込んで、見立てや治療について意見を伝えることもあります。もちろん、文言などにはかなり気を遣います。そのときの医師の反応には簡単な法則があって、腕の悪いのにかぎって、無視したり、逆ギレしたりする。腕のよい人は、余裕があるのでしょう、きちんと受け止めてくれますし、感謝されることもあります。まあ、そんなに悪い医者ばかりではないので、多少おだてながら、アドバイスをしてあげるとよいのではないでしょうか。

津川　クライエントが受けている治療を尊重しつつ、こちらが得た情報や理解、視点を取り入れてもらう方法を模索していくことになります。

内海　たとえば、薬物療法についての副作用や効果などについても、フィードバックしてくれるとありがたいですね。実際、本当はこういう薬を使った方がいいのに……と思うこともあるだろうと思います。

　ある程度まともな医師なら、心理士に限らず、周囲のスタッフからのコメントを歓迎すると思います。数分の診療ですべてがわかるわけもありません。受付のスタッフやナースからのちょっとした指摘は貴重です。

津川　待合室ではぐったりしているクライエントが、診察室に入るとそれなりにちゃんとしているといった情報は、たしかに大きいですね。

内海　その通りです。

津川　私が留意するのは、医師に伝えた結果、医師とクライエントの関係にもしかすると悪影響が及ぶ可能性がある場合や、しわ寄せがクライエントに行ってしまう可能性が高い場合などです。医師と心理士の関係だけでは終わらないですから……

内海　そうでしょうね。言い方は悪いですが、医療に「人質」に取られているような感覚でしょうか。結果的にクライエントに悪影響があるかもしれないと思うと、働きかけも慎重にならざるをえないでしょう。それでも、医師のプライドなどより、患者の人生の方が大切です。

津川　医師と協働していくこと、特に医療機関内ではなく、医療機関外に心理士が勤務している場合、実は協働には高いスキルが求められるように思います。しかし、いろいろあったとしても、最も大切にするべきは、クライエント、クライエントの人生。ここをぶれないこと。多くの心理士にとって、改めてかけがえのないメッセージを頂戴したと思います。ありがとうございます。

◉**注**

1――内海（二〇二一）

2――兼本（二〇一八）

3――四方田（二〇一〇）

4――「ミリュー（milieu）」（仏語）は、環境、境遇、社会（階層）などを指す。ここでは「環境」の意。
5――二〇二四年四月一日現在、精神保健指定医の場合、三〇分未満で三一五点。

◉文献

兼本浩祐（二〇一八）『なぜ私は一続きの私であるのか――ベルクソン・ドゥルーズ・精神病理』、講談社［講談社選書メチエ］
内海健（二〇二一）「精神病理学の基本問題――ヤスパースの『了解』概念をめぐって」、『精神神経学雑誌』、一二三―九、五四五―五五四頁
四方田犬彦（二〇一〇）『人、中年に到る』、白水社

あとがき

内海健

なんとも面映ゆい時間だった。眼の前にいるのは、津川律子さんというスーパー臨床心理士である。精神科の現場経験も豊富にお持ちである。静かに、丁寧に、こちらの話に耳を傾けながら、時折、合いの手のように当意即妙の質問やコメントを返される。多分、その眼鏡の向こうでは、私の与太話のカラクリなど、とうにお見通しなのだろう。対談をするたびに、私の脳は汗をかいていた。六回にわたる試練を終えて、今は少しほっとしている。

津川さんと出会ったのは、もう三〇年も前のことになるだろうか。すでに壮年を迎えようとしていた私は、今さらながら、帝京大学精神神経科学教室に助手として入局した。津川さんは、そのとき非常勤助手だったか、正体の定かならぬ非正規のポストについておられたように思う。二人ともいわば最下層のスタッフである。今から思えばあとの祭であるが、いいようにこき使われていた。とりわけ津川さんはタフで献身的な方であるだけに、多忙をきわめたのではないだろうか。

ただ、津川さんも私も、元来、どちらかというと陽気な気性である。当時は、日本の高度成長がピークを過ぎ、いわゆる「失われた三〇年」が始まる頃であったが、昭和の残照のなかで、明るさは失っていなかったように思う。同僚の池淵恵美先生は、「ここはイタリアね」というのが口癖だった。前職がよほど暗かったのかなどと訝《いぶか》りながら、「イタリア人はこんなに働かないですよ」と私が口をはさむと、「私たちは外国人労働者なの」と言われて、妙に納得させられた。

その後、津川さんは日本大学に移り、まもなく教授となり、のちには日本臨床心理士会の第三代会長に就任された。雲の上の存在になられたわけである。それとともに、接点は間遠《まどお》になった。重責ゆえのご苦労も多かったのだろう、たまに会ったときにも、屈託なく笑わなくなったように思う。

二〇〇九年、私は東京藝術大学に臨床の場を得た。「最後の秘境」と呼ばれたキャンパスである。異能で野性味あふれる学生たちの診療は、彼らの豊かな資質やタフなマインドに支えられながらも、スリリングな経験の連続だった。相談する相手もいない。学生相談室も修学支援室もまだなかった。そこで思い立って、無理筋は承知のうえで、津川さんに非常勤のオファーをかけてみたのである。当然のことながら、当初は、色よい返事はいただけなかった。それでもめげずに秋波《しゅうは》を送り続けたところ、熱意にほだされたのか、ついに来ていただけることになった。秘境の迷宮のなかに、にわかに明かりが灯ったような気がした。

藝大ではおもに心理検査を担当していただいた。とはいえ、単に作成された報告書を私が読むというのではない。依頼する際には事例のアウトラインを伝え、検査後には、受検状況も含めて説明していただく。そのつど、そこでさまざまなやりとりがかわされる。それによって、私の独善は修正され、見立てが奥行きを持ち、さらには治療のヒントが得られた。実のところ、津川さんの着任にあたって、あらかじめ、「業務の半分は、私の話し相手になってもらうこと」とお伝えしていた。もちろん相手にもよるが、臨床家にとって、楽屋裏での雑談ほど勉強になるものはない。

ちなみに、当時、私の主要な関心事は青年期の発達障害であった。実際に事例も多かった。他方、津川さんは、はっきりとはおっしゃらないが、発達障害と見立てることには、かなり慎重である。話題がそこに及ぶと、別に否定されるわけではないのだが、スッと引かれるのがわかる。屈託のない語らいの雰囲気が微妙に転調するのである。「大人の発達障害」をめぐる当時のフラットな臨床カルチャーを考えれば、当然のことかもしれない。要は、精神病理学による陶冶《とうや》が浅い領域なのである。

津川さんをどうしたら納得させられるだろうか。特段意識していたわけではないが、それが私の「発達障害の精神病理」を鍛え上げるための試金石だったように思う。また、経験豊富な津川さんにとっても、個性豊かな学生の示す所見は、しばしば意表を突くものだったようである。描画や記録用紙を手に、熱く語られることも稀ではなかった。本書の第九章、第一〇章のベースには、そんな水面下でかわされたディベートがある。それ以外の章についても、単に私がインタビューに答えるといったものではない。毎回テーマは決めていたが、微妙な流れの変化を察知しながら、手探りで進めていったようなところがある。

それにしても、随分と堅実な臨床論となったものだと思う。津川さんの手のひらの上でうろつきまわったので、道に迷うこともなかったのだろう。加えて、こうした手堅さの背景には、私なりの二つの臨床観がある。一つは、統合失調症や躁うつ病をはじめとした精神疾患の予後が、本来は、それほど悲観的なものではないはずだということ、今一つは、事例へのかかわりにおいては、個々の技法よりも非特異的な因子が重要であるということである。これらは特段、うがったものの見方ではない。

前者については、若年性アルツハイマー病やパーキンソン病などの器質性の変性疾患を参照すれば明らかである。心理士の方も、できれば実際にかかわる機会を持たれるとよいだろう。それらと比較するなら、精神疾患に対する脳科学的な説明はメタファーのようなものである。もちろん楽観はできぬし、何もしなくてよいわけもない。続発するネガティヴな事象にきめ細かく対応しつつ、静かに勇気づけていかなければならない。

後者については、ランバートの論考を持ち出すまでもなく、それぞれの心理療法の手前にある非特異的な要因が重要であることは明らかである。端的に言うなら、技法を云々する以前に、治療者としての人間性が問題である。もちろん、単に人がよければそれでよいというものではない。例えば、統合失調症であれば、底意のない率直さ、そして距離を持した親しみを持ち、躁うつ病に対しては良質なオーソリティを含ませる。そうした微妙な調整が必要である。こうしたことは、単に経験則のようなものではなく、その背景にはプロとしての知的関心、すなわち精神病理への理解がある。本書がそうしたものへの導きとなれば幸いに思う。

先日、とある大学病院の教員から次のような話を聞いた。精神科を希望する研修医の多くは、人の心というものに興味をひかれて入局する。だが数年もたつと、単なる薬の処方医になりさがるというのである。それでも役に立てばよいのだが、私からすれば、見立ても処方もまだまだ甘い。エビデンスなどを振りかざしてスマートに語る者もいるが、製薬企業の走狗《パシリ》ではないかと思うこともある。それらの多くは、モノアミン仮説など神経伝達物質をベースにしたものだが、実証も棄却もされず半世紀以上も塩漬け状態の代物である。

だが、こうした流れに抗うにしても、精神病理学は精神科医の知的関心をひかず、その有用性を十分に伝えることができていない。端的に言えば、魅力的にみえないのである。長らくそうした歳月が流れ、やさしく説き語るにしても、ベースとなるリテラシー（基礎素養）すら危ぶまれるようになった。

振り返ってみると、それと並行するかのように、私の書くものは、読み手として必ずしも精神科医を想定したものではなくなっていったように思う。今では、コメディカル・スタッフ、当事者や家族、さらには一般読者を読み手として思い描いている。ただし、それによってクオリティーを手かげんすることは一切していないので、読むのはそう容易ではないだろう。そうした状況を考えると、一番期待されるのは、臨床心理士の皆さんではないかと思う。これはリップサービスではない。精神病理学は、心の臨床に良識と知恵をもって取り組めば、おのずとそこに開かれるものである。

それゆえ、今回このような機会を与えていただいた津川さんには、あらためて御礼申し上げたい。ご期待に添えるものだったかどうかは心もとないが、私自身、得たものは大きい。今年は拙書『精神科臨床とは何か』を二〇年ぶりに改訂したが、もしかしたら次の著作につながるやもしれぬと期待している。

また、本書の作成においては、金剛出版の藤井裕二さんに大変お世話になった。私は話し言葉と書き言葉のディスクレパンシーが極めて大きい。それゆえ、自分の話のテープ起こしを読むときには、いつも羞恥にみまわれ、誰もいないのに、その場から逃げ出したくなる。だが、今回は、リテラシーの高い藤井さんにいつも陪席いただき、その上で文字起こしをしていただいたので、校正がとてもスムーズだった。この場を借りて御礼申し上げたい。

二〇二四年一一月　つかのまの秋空のもと

索　引

人名索引

あ

アインシュタイン、アルバート（Albert Einstein）……198
アスペルガー、ハンス（Hans Asperger）……192, 223
アブラハム、カール（Karl Abraham）……103
アリエティ、シルヴァーノ（Silvano Arieti）……103, 116
アンドレアセン、ナンシー（Nancy Coover Andreasen）……68
ウィング、ローナ（Lorna Wing）……192

か

ガリレイ，ガリレオ（Galileo Galilei）……19
カナー、レオ（Leo Kanner）……182, 191-192, 223
カフカ、フランツ（Franz Kafka）……156
クライン、メラニー（Melanie Klein）……135
グランディン、テンプル（Temple Grandin）……86
クレイネス、サミュエル（Samuel Henry Kraines）……131, 134
クレッチマー、エルンスト（Ernst Kretschmer）……68
クレペリン、エミール（Emil Kraepelin）……102, 133, 150-151, 158
クロウ、ティモシー（Timothy Crow）……160
コンラート、クラウス（Klaus Conrad）……164

さ

サリヴァン、ハリー・スタック（Harry Stack Sullivan）……187
ジャネ、ピエール（Pierre Janet）……123
シュナイダー、クルト（Kurt Schneider）……155
セイックラ、ヤーコ（Jaakko Seikkula）……185-186
ソルデン、サリ（Sari Solden）……232

た

ダマシオ、アントニオ（Antonio Damasio）……34
ディルタイ、ヴィルヘルム（Wilhelm Christian Ludwig Dilthey）……19, 37
トリー、E・フラー（E. Fuller Torrey）……158-159

な

ニッスル、フランツ（Franz Alexander Nissl）……21, 37
ニュートン、アイザック（Sir Isaac Newton）……19

は

パヴロフ、イワン（Ivan Pavlov）……258
バリント、マイケル（Michael Balint）……250, 253

バロン＝コーエン、サイモン（Simon Baron-Cohen）……193
ピカソ、パブロ（Pablo Picasso）……230
ヒューム、デイヴィッド（David Hume）……71
ビンスワンガー、ルートヴィッヒ（Ludwig Binswanger）……150, 183
フッサール、エドムント（Edmund Husserl）……19
ブランケンブルク、ヴォルフガング（Wolfgang Blankenburg）……183
ブリッジマン、パーシー（Percy Williams Bridgman）……91, 97
フロイト、ジークムント（Sigmund Freud）……116
ブロイラー、オイゲン（Eugen Bleuler）……150-152, 158, 163, 172
フロム＝ライヒマン、フリーダ（Frieda Fromm-Reichmann）……103
ベック、アーロン（Aaron Temkin Beck）……103, 263
ペンフィールド、ワイルダー（Wilder Graves Penfield）……250
ポージェス、スティーブン（Stephen Porges）……37

ま

ミンコフスキー、ユージン（Eugène Minkowski）……150, 183
ムンク、エドヴァルド（Edvard Munch）……156-157
モーツァルト、ヴォルフガング・アマデウス（Wolfgang Amadeus Mozart）……230

や

ヤスパース、カール（Karl Theodor Jaspers）……19-23, 27
ユング、カール（Carl Gustav Jung）……152

ら

ラボリ、アンリ（Henri Laborit）……277
リュムケ、ヘンリクス（Henricus Cornelius Rümke）……64-65
ルーマン、ニクラス（Niklas Luhmann）……45
ロジャーズ、カール（Carl Ransom Rogers）……18
ロッシュ、エレノア（Eleanor Rosch）……85

わ

ワトソン、ジョン（John Broadus Watson）……258

＊

あ

芥川龍之介……181

か

笠原嘉……113-114, 123
兼本浩祐……272
神田橋條治……73
神庭重信……104
呉秀三……166

さ

斎藤環……185
下坂幸三……42, 73

た

土居健郎……48-49, 51, 54, 282

な

中井久夫……180
中安信夫……165
夏目漱石……227
信田さよ子……185

は

土方巽……152
福本修……227
藤家寛子……31-33
藤山直樹……44

や

山上敏子……258-259
四方田犬彦……275

事項索引

アルファベット

ADHD［→注意欠如・多動症］
ASD［→自閉スペクトラム症］
CBT［→認知行動療法］
DSM……88-90, 92-96, 100, 105, 108, 150, 228, 235, 276
　――-Ⅱ……90
　――-Ⅲ……68, 90, 92, 100
　――-Ⅲ-R……92
　――-Ⅳ……92
　――-5……226, 228
　信頼性……89-90
　設計思想……89-90
　操作主義……91-92
　妥当性……89
　文化結合性……228-231
　無神論的……90
PTSD……91
RCT［→ランダム化比較試験］

あ

アスペルガー症候群……192
アセスメント……53-54, 108, 110, 133, 137, 185, 237, 258-259
　心理―― ……7-9, 53, 107, 163, 182-183
アタッチメント……208
アレキシサイミア（失感情症）……204
意識障害……58, 83-84
　軽度―― ……84
うつ病……49-50, 82, 91, 99-100, 103-104, 108, 110-117, 126-127, 129, 131, 133, 181, 261, 263-264
　依存……116-117
　――急性期治療の七原則……114, 125
　――の経過図……131
　回復＝成熟……117-120
　軽症――（軽症化）……50, 100, 106, 112, 127, 129-130, 132
　攻撃性……116-117
　思考……110-112
　焦燥……107-108, 132-133, 144, 180
　焦燥―― ……107
　性格因性の―― ……249
　精神運動抑制（制止）……105-108, 137
　単極性―― ……133-134
　内因性―― ……70, 100, 102, 104, 112-113, 115-116
　日内変動……105
　非定型―― ……137
　妄想……111-112
エビデンス……33, 54-55, 96, 270, 292
オープンダイアローグ……185-190

か

概念……85-87
回復過程……247-256
　外的指標とディスクレパンシー……252-256
　関係性……250-251
　グラチエ（Grazie）……249
　表情・しぐさ……249-250
　ユーモア……265
解離……76-79
科学革命……18

過剰診断……140, 225-226
環境調整……212, 216-217, 279
感情移入……22-24, 65
聴く……31, 34, 61, 136
記号接地問題……272
器質性……83-84
症状精神病……83
変性疾患……83
希死念慮……129-130
気分障害……84, 99-120, 123-146, 149, 180
ギャングエイジ……208
境界性パーソナリティ障害……65, 76, 220
境界例……50
共感……17-36, 39-56
——的理解……18
概念史……18-20
方法としての—— ……39-43
強迫性障害……215, 258
クライテリア……87, 89, 91-92, 228, 235
クラリファイ（明確化）……63
経過……68
軽躁……134-136, 138-139
激励禁忌……128
幻覚……82, 150, 153, 163
言語行為論……45
行為遂行的発話……45
事実確認的発話……45
現象学……19, 20
公共言語……275-276, 278
行動観察……20, 33, 106, 197, 224
コミュニケーション……45-46, 48-53, 55, 63, 171, 203-204, 206
——の事後性……46
——の障害……192, 203-207
情報……45-46, 51-52
伝達……45-46, 51-52
理解……45, 52-53
行動療法……258-259, 263

さ

再発予防……139, 141-142, 146
させられ体験……22, 24, 44
自殺……75, 114, 129-131, 176
質感（クオリア）……61-64, 72-73, 76-77, 94-96
自閉スペクトラム症（ASD）……31, 76, 86, 172, 191-221, 223-225, 235, 237
鑑別（統合失調症）……182-185
強迫……214-216
心の理論……193-194
こだわり……199, 202, 214, 216
孤独……211-212
コミュニケーションの障害……192, 203-207
サリー・アン課題……193-195
自我違和……214, 216
——とADHD……240-242
成功体験……217-219
想像力の障害……192, 199-202
対人相互性の障害……192-199
不安・緊張……211, 213
三つ組（ウィング）……192, 208
抑うつ……211, 213
主観……20, 25-28, 33, 61-62, 96
守秘義務……177
準拠枠……29
症候群（シンドローム）……87, 149
症状……57-79, 81-97
解離—— ……75, 78
強迫—— ……75
症候（symptom）……61
徴候（sign）……35, 61, 171
ヒステリー—— ……75
文化結合性—— ……105
離人—— ……75
症状学……59-60
情態性（Befindlichkeit）……63-64
事例……55, 75, 85, 87, 100, 106, 134, 137, 152, 165, 182-183, 191, 196, 204-205,

209, 216, 218-220, 223, 225, 232, 236, 238, 240-241, 249, 253, 257, 260, 265, 269-273, 275-278, 282
——研究（——論文）……269-272
——検討……253
心因性……83-84 94, 104, 113
神経症……49
身体感覚……34-36［→内臓感覚］
診断……57-79, 81-97
——基準……27, 54, 59, 67, 69, 88-90, 94, 96, 209, 228, 230, 240-241, 276
診断の優先順位……83
器質性……83-84
心因性……83-84 94, 104, 113
内因性……83-84, 94, 100-102, 104, 109-110, 113, 116
心的エネルギー水準論……123-125
心理学……18-19, 25, 54, 120, 270
ヴント——……151
深層——……103
人間性——……263
心理教育……138
心理的安全性……30, 176
心理療法……103, 113, 247, 259
支持的——……113
性格……68
生活……68
精神医学……18-21, 23, 25, 59-60, 63-64, 92, 100, 148, 158, 172, 187, 260, 269
記述的——……90
多次元的——……68
精神病質……49-50
精神病理……76, 100, 129, 157, 162, 167, 182, 212, 223-224, 226, 291
精神病理学……6-8, 18, 133, 188, 221, 223, 290, 292
精神分析……66, 74, 90, 103, 116, 252, 281
精神療法……94, 113-116, 247-248, 265, 281-282
小——……113-114, 123, 125, 128
通院——……280-281
躁うつ病……84, 90, 133
双極性障害……59, 123, 132-133, 135, 140
双極II型障害……134, 137
早発性痴呆（Dementia Praecox）……150
ソマティック・マーカー仮説……34

た

注意欠如・多動症（ADHD）……223-245
Triple Pathway Model……228, 242
大人の——……225-226, 229, 253
感覚過敏……237
時間処理障害……242
自尊感情……237, 243
衝動性……231, 233-234, 238
女性の——／ADD（注意欠如障害）……232-234
神経生物学的仮説……228-229
多動・衝動性……227, 245
遅発性——……225
——とASD……240-242
——とPMDD（月経前不快気分障害）……237
——とPMS（月経前症候群）……237
——と強迫……231-234, 236
不注意……225-228, 230, 233, 243, 245
変節点（Knick）……235
治療関係……69
治療機序……259, 262
治癒機転……254
定型発達……194, 197-198, 201, 208, 211, 213, 216, 224, 232
適応障害……211
統合失調症……22, 36, 44, 49, 59, 64-67, 69, 72, 74-75, 82, 84, 87, 90, 95, 111, 116, 127, 147-168, 171-190
あせり……180-182
鑑別（ASD）……182-185
軽症化……149, 160, 162-163, 166, 168, 171, 175
言語危機……153-154, 158
言語新作（neologism）……153-154

自我障害……154-155, 163
社会復帰……174-175
初期―― ……165
心理的距離……172, 180
対人希求性……172, 180
ダブル・バインド……179
――近年説……158-159
トレーマ（Trema）……164
破瓜型……74, 187
病名変更……166-168
妄想型……74, 187
四つのA（ブロイラー）……151, 153, 158, 172
連合弛緩……150-153, 163, 171
ワードサラダ……153-154

な

内因性……83-84, 94, 100-102, 104, 109-110, 113, 116
内臓感覚……34［→身体感覚］
認知療法……103, 263-264
認知行動療法（CBT）……115-116, 261-263, 265-266, 281
第三世代―― ……263
ノーマライゼーション……163, 168

は

バイオマーカー……59-60, 89
パーソナリティ障害……50
発達課題……208-209
発達障害……127, 182-183, 191, 235［→自閉スペクトラム症］［→注意欠如・多動症］
パニック障害……74
否認……42, 135, 138-139, 202
病人としての役割……102
病態水準……53, 262
病理組織診（生検）……59
不登校……28, 71, 162, 201
プレコックス感（Praecox-Gefühl）……64-66, 69, 165
防衛……74-75, 77
性格―― ……139
躁的―― ……135, 138
ホムンクルス（homunculus）……250
ポリヴェーガル理論……34, 37
ポリティカル・コレクトネス……272

ま

見捨てられ不安……76
見立て……40, 48, 82-83, 85, 93, 95, 112, 135, 165, 273, 282, 289, 292
――の原則……83
妄想……74, 82, 111-112, 133, 150, 153, 163-164, 188, 263
被害―― ……180

や

薬物療法……54, 58, 84, 94, 117, 131, 138, 147-148, 186-187, 211, 226, 256, 283
SSRI（選択的セロトニン再取り込み阻害薬）……264
クロルプロマジン……276-277
抗うつ薬……82, 102, 129, 134, 140, 144, 256-257
プラセボ効果……257
メラトニン……236
抑うつ気分……89, 105, 108-111

ら

ランダム化比較試験（RCT）……257, 270
リカバリー……118, 141, 168
リハビリテーション……143-144
リフレイミング……207
了解……17-36, 39-56
静的―― ……20
発生的―― ……20
了解可能……22-23, 111
偽幻覚……22
追想錯誤……22, 25
了解不能……22-23, 29, 44
させられ体験……22, 24, 44

臨床心理学……17-18, 23, 29, 34, 42, 54, 57, 147, 186, 271
ローカリティ……253, 273-275

内海健（うつみ・たけし）

1955年、東京都生まれ。東京藝術大学名誉教授・精神科医、専攻は精神病理学。1979年、東京大学医学部卒業。東大分院神経科、帝京大学精神神経科学教室、東京藝術大学教授・保健管理センター長を経て、現職。

著書に『「分裂病」の消滅』（青土社）、『パンセ・スキゾフレニック――統合失調症の精神病理学』（弘文堂）、『さまよえる自己――ポストモダンの精神病理』（筑摩書房）、『双極II型障害という病』（勉誠出版）、『自閉症スペクトラムの精神病理』（医学書院）、『金閣を焼かなければならぬ――林養賢と三島由紀夫』（河出書房新社）、『気分障害のハード・コア――「うつ」と「マニー」のゆくえ』（金剛出版）、『増補版 精神科臨床とは何か――「私」のゆくえ』（春秋社）など。編著に『発達障害の精神病理（I-IV）』（星和書店）などがある。

津川律子（つがわ・りつこ）

1960年、東京都生まれ。専攻は臨床心理学。帝京大学精神神経科学教室、東京警察病院神経科などを経て、現在、日本大学文理学部心理学科教授・心理臨床センター長。日本臨床心理士養成大学院協議会会長。

著書に『面接技術としての心理アセスメント――臨床実践の根幹として』（金剛出版）、『改訂増補 精神科臨床における心理アセスメント入門』（金剛出版）などがある。

援《えん》助《じょ》者《しゃ》必《ひっ》携《けい》
心《しん》理《り》カウンセリングのための
精《せい》神《しん》病《びょう》理《り》学《がく》入《にゅう》門《もん》

2025年2月25日　初刷
2025年4月10日　2刷

著者――――内海 健
　　　　　津川律子

発行者――――立石正信
発行所――――株式会社 金剛出版
〒112-0005 東京都文京区水道1-5-16
電話 03-3815-6661
振替 00120-6-34848

装丁◉戸塚泰雄（nu）
イラスト（カバー・本文）◉清水 麗
本文組版◉石倉康次
印刷・製本◉三協美術印刷

 ISBN978-4-7724-2080-8 C3011